Poet Ten Vagabond Poet Te

Mither Tongue

By Jidi Majia

Translated into English by Denis Mair

and into Scots by Christine De Luca,
Stuart Paterson & Sheena Blackhall

Edited by Gerry Loose

Introduction by Gerry Loose

Afterword by Denis Mair

**Vagabond Voices
Glasgow**

First published on 5 April 2021 by
Vagabond Voices Publishing Ltd.,
Glasgow,
Scotland.

ISBN 978-1-913212-31-5

Printed and bound in Poland

Cover design by Mark Mechan

Typeset by Park Productions

The publisher acknowledges subsidy towards
this publication from Creative Scotland

ALBA | CHRUTHACHAIL

For further information on Vagabond Voices, see the website,
www.vagabondvoices.co.uk

Contents

Introduction by Gerry Loose   vii

The Enduring One translated by Denis Mair   2

Da Een Beyond Foryattin translated by
   Christine De Luca   3

I, Snow Leopard translated by Denis Mair   40

Snaw Ghaist translated by Stuart Paterson   41

Dedicated to Mama: Twenty Sonnets translated
   by Denis Mair   72

Dedicatit tae Mama: 20 Sonnets translated
   by Sheena Blackhall   73

不 朽 者 (The Enduring One)   115

我，雪豹 (I, Snow Leopard)   137

献给妈妈的二十首十四行诗 (Dedicated To
   Mama: Twenty Sonnets)   157

Afterword by Denis Mair   179

Introduction

A thousand miles from Beijing, on the edge of the Tibetan plateau in Sichuan, is the Liangshan Yi Autonomous Prefecture, comprising the Da Liangshan Massif: the Great Cold Mountains, rising more than four thousand metres above sea level and skirting the upper Yangtze river. This is the homeland of the Yi people, a large ethnic minority of some nine million people, of whom two million speak the Nuosu language. Nuosu is the largest grouping of the Yi people, its language is taught in schools, it has its own radio stations and newspapers – it has its own script, existing in written form for more than two millennia, distinct from Chinese; it is a minority that has held fast to its culture and social structures, coming from an ancient lineage. At the time of the Tang dynasty, the Nuosu people were founding their own empire, the Nanzhao empire (Nuosu: *Mashynzy*). Historically it has been an animistic culture with shamanistic practices embodied and carried out by *bimo* (ritual priests), beliefs and practices which continue to this day.

It is into this culture that Jidi Majia was born in 1961 in Zhaojue, a rural area, to a respected and community-minded, aristocratic Nuosu family. After reading the works of the Russian poet Alexander Pushkin at the early age of fourteen, Jidi determined that his role in life was that of a poet, expressing the cultural and spiritual identity of his own people. Jidi lived in Zhajoue until leaving for university in Chengdu, capital of Sichuan, when he was seventeen. During these years, he read Nuosu epics and history, studied the great masterpieces of classical Chinese literature and modern Chinese prose masters as well as world literature, in particular Russian novelists.

After graduation, Jidi returned to his homeland where his poetry soon began to attract attention, leading to the offer of a position in the Writers' Association of Sichuan. His poetry gained national attention in China in 1986 when his book *Song of My First Love* won the National Poetry Award from the National Writers' Association. At this point, his mentor was the highly respected older poet Ai Qing, father to the artist Ai Wei Wei.

Jidi Majia's career flourished from this point on, though his mission was to establish the Nuosu outlook on life in the world of literature. His talent was recognised and he was offered a post in the National Writers' Association. As a result, he was sent to international literature festivals and conferences, including a month with the U.S. government as a guest of the U.S. Congress's Global Young Leaders' Conference.

Today, Jidi fulfils his mission "to be a poet faithful to my culture and a poet of conscience", while having worked in government, as did so many poets in China before him: he was lieutenant governor of Qinghai for some years. His output includes libretti, essays and of course much poetry. Currently he is President of the Chinese Minority Literary Association and Permanent Vice-President of the Chinese Poets' Association. He is also President of the Qinghai International Poetry Festival, which he founded. His work is translated into more than thirty languages and he has received multiple honours and awards, both in China and worldwide. Taking as exemplars and models of deep cultural inheritance from outside his own, he cites among others WB Yeats, Pablo Neruda, Cesar Vallejo and Mohammed Darwish. Yet, like all Nuosu, he claims descent from their primary mythic heroes.

This was the man I met in Chengdu on the occasion of the Chengdu International Poetry Festival in 2019. A poet keenly aware of world cultures, a man dedicated to a need for global understanding and only too well aware of the dichotomies of a Nuosu world belief set about by twenty-first-century urban expansion. While his subjects are of natural features – the hills and waters of his homeland and their natural ecosystems, tigers, snow leopards, the shape-shifting muntjac deer, the crops and wild plants found in Liangshan – he is ruefully aware of the impending loss of them all. His poems – indeed his entire outlook – are imbued with a spirituality which he feels is the true root of poetry, which the world has lost, but may be found at the heart of indigenous cultures such as his own.

I had known of his work before I met him, from fellow poets around the world. He read at what is probably the greatest poetry festival in the world, in Medellin Colombia, a couple of years before I was given that privilege, and there his reputation as a great poet with soul and conscience was secured. We both read there in the virtual 30th festival, which the pandemic forced upon us, but any meeting with Jidi is a pleasure.

In Chengdu, I met the man whose natural gravitas belied by his generosity and enthusiasm for poetry and engaging with people. We had many conversations over breakfast, at dinner, in conferences, attending readings and in the street. His enthusiasm was contagious and his generosity boundless: bringing to the dining table delicacies from his mountainous region, continually filling my teacup and wine glass, urging the various regional spicy dishes on me for which Sichuan is famous.

He was particularly attentive when I spoke of the situation in Scotland, its politics and languages. From these conversations came the notion that some of his work should be translated into Scots, an indigenous language historically discouraged in favour of the language of power, English, but kept culturally vibrant and forceful in the homes of Scottish folk throughout the country: a true mither tongue.

So it is with great pleasure, two years on, to offer this current selection of poetry by Jidi Majia, made over into Scots for the first time ever. A meeting of language and tradition made possible by three of the foremost poet-translators in Scotland. The volume is representative of Nuosu culture, its veneration of generations before, its spiritual overtones and undercurrents, its place in the world and its calm, quiet, deeply held convictions.

Jidi Majia is a poet of our times who, in the words of Patrick Geddes, "thinks globally and acts locally". His ecological sensibilities, his compassionate nature and deep roots in his own culture mark him out as a genuine spokesperson for the natural features and elements of our world. His poems compel us to look into our own roots, our own ways of being on this wee planet we all share.

Nuosu people, while cleaving to a unique belief system, are also pragmatists, realising that we are all culpable beings who must face conflict and are required to find our way forward in a world of economic crisis and political stress in the midst of our Anthropocene age. Jidi Majia's poetry chimes with the recent rise of eco-poetry and the growing academic discipline of eco-criticism, as well as Buddhist and Taoist concepts of interdependence. In the Nuosu Book of Origins (note the plural: *Origins*), the history of the Nuosu people is set out in a series of genealogies, not just of humans, but also of the Sky, the Earth, Lightning and Snow, all of which various creatures and plants move through. These are the conjoined ancestors of Nuosu humans. A compelling view with which to begin to accept, revere, and heal our scarred and disintegrating world.

Mither Tongue in Scots could not exist without a dedicated team of interconnected people.

Jidi Majia counts himself a Nuosu poet first, then a poet of China, and next a poet of the world. It is this outlook that is most clearly expressed in the Scots versions of his poems presented here. It is true that the best translators of poetry are themselves poets. In Denis Mair's English versions we have a poet's open-minded approach and sensibilities to language (as well as his deep knowledge of Chinese and Nuosu culture as evidenced in his invaluable Afterword), which consequently are faithful and elegant in their treatment of Jidi's original poems. Our translators into Scots – Sheena Blackhall into Doric, Christine de Luca into Shetlandic and Stuart Paterson into Lowland Scots – are all poets of insight and empathy, who retain the vibrancy of expression and strength of emotion while also demonstrating the breadth and vivacity of *braids* within the Scots language. In addition there is a link with Nuosu language and Scots: both struggling in the margins, bypassed for generations by neighbouring linguistic majorities, yet still speaking in mother tongues, still both holding hearth and heart and dwelling dear, and with clear ways ahead for resurgences in culture expressed through unique languages.

Mither Tongue could not exist as it does today without the enthusiasm, encouragement and belief in its value of Allan Cameron of Vagabond Voices. Thanks are also due to Mark Mechan, the inventive and receptive designer. Nor could it have taken the form it does without the invaluable assistance of ever-patient Shao Lei of the Foreign Language Teaching and Research Press of China. Our debt to Jidi Majia is paramount. I am pleased to have played a part in this volume; it is a sort of genealogy unto itself.

Gerry Loose, Isle of Bute, February 2021

The Enduring One

Da Een Beyond Foryattin

Proem
By night I'm from the Big Dipper's seven stars,
By day I return to the soil of my tribe,
By luck I got hold of pitch to burn,
Watch me illuminate life and death with it.[1]

1
I grab hold of the salt in language;
It feels like getting an electric shock.

2
Aside from the chorus of ranged mountains,
In the darkness there's a murmur
Of a mouth harp's bamboo reed.

3
I didn't grab hold of tradition;
It's behind me. Even extended by shadows
My arms weren't long enough.

4
In a leather drinking bowl is a smear;
It's hard for me to wipe away;
No wonder someone sends rainfall from the sky
To rinse me clean.

5
A crack suddenly appeared
In the storied sword that hung on the wall.
The *bimo*[2] says he can divine bane and blessing,
But not the workings of impermanence.

---

1 Jidi Majia completed this suite of poems shortly after the
   Torch Festival in 2016. The Torch Festival is celebrated
   throughout Liangshan Yi Minority Prefecture around
   the time of summer solstice [translator's note].

Bi nicht A'm Da Ploo's seeven starns,
Bi day I come back tae wir ain calf-grund.
Bi luck I got hadd o some cooch ta burn,
See mi torch licht up life an daeth wi hit.
1
I yock a hadd o da saat ithin language;
Hit feels laek da tift o a electric shock.
2
Forbye da music o da mountain taps,
I da mirk der a murmur
O a bamboo reed vimmerin ithin a trump.
3
I didna hadd on tae tradition;
Hit's ahint me. Even med langer bi shadows,
Mi airms wirna lang enyoch.
4
A ledder drinkin bowl is uggled;
Hit's herd for me ta dicht dirt awa;
Nae winder someen sends rain fae da lift
Ta rensh me clean.
5
In a stowen dunt da sword o tales dat
hung apö da waa wis sklent.
Da *bimo* says he can wirk oot bane an sainin,
But no da wyes o whit aye jöst wavvels.

---

2 A *bimo* is a priest who performs rituals and chants sacred
   texts. In the traditional Yi society, *bimos* are males, and
   the right to become a *bimo* is hereditary, passing from
   father to son.

6

As my mouth reads "two" aloud
"Two" does not turn into "three"
But when I read "three" aloud,
Images of a myriad things appear…

7

Last night flames leapt high in the fireplace
Not it's just a heap of ashes.
Even if a tempest blew through
No more ink traces would be stirred today.

8

A chunk of agate was found by a child
As he took his sheep out to pasture
He didn't know he was a lucky boy;
He only dreamed of getting a buckwheat cake.

9

I am not the sole witness
But I can hear a sibilant voice,
From a mask found at Sanxing Mound,[3]
Someone's calling my name.

10

My body's for the flames –
When no other fuel remains;
Once lit you'll see its brightness
Like no other piece of firewood.

---

3 Sanxing Mound is an archaeological site found near
   Guanghan City, Sichuan. Bronze masks and vessels from
   the mound are thought to date back 3,000-5,000 years.

6
As I soond oot da wird "twa"
"twa" dusna turn inta "tree"
But whan I read "tree" alood,
I see a heap o things appearin …
7
Dastreen flames loupit heich i da hearth
Noo hit's jöst a haep o ess.
Even if a gowster sweepit trowe
Nae mair ink traces wid be steered up daday.
8
A chunk o agate wis fun bi a bairn
As he took his sheep oot tae da mödow
He nivver kent foo lucky he wis;
He only dreamed o gyettin a beremel bannock.
9
A'm no da only een dat saa
But I can hear a crexin voice,
Fae a aald faas-face fun at Sanxing Moond,
Someen's cryin mi name.
10
Mi boady's fur da flames –
Whan der naethin idder ta burn;
Eence lowin you'll see hit's brichtness
Laek nae idder kendlin.

11
A stone in free-fall,
A distant goose in flight
May show up during a song, like a teardrop
Causing a catch in the throat.
12
Death and parturition –
For the poet, both are a miracle.
Because of language he's given a place
In the lineage of enduring ones.
13
When flames scorch me
The cry that escapes my lips
Sounds quite strange to me;
I can't be sure that it's my voice.
14
I came upon a certain stone
But left the it lying in the field
Forgive me, I can't be sure of tomorrow;
I only have today.
15
I am between a bamboo flute and a sheep-horn bugle;
God-given language enables my jaws to clamp
Onto a compass made for the vast ocean.
16
I climb onto god's back
Wanting to tell him a riddle,
But I hover asleep like a salmon
In water lit by the glow of dawn.

11
A steyn faain free,
A gös, far awa, in flicht
Micht shaa up ithin a sang, laek a taerdrap
Catchin i da trot.

12
Daeth an gien birt –
Fur da poet, baith is miracle.
Becaas o language he's gien a place
i da lang line o dem beyond foryattin.

13
Whan flames scooder me
Da cry dat slips fae mi lips
Soonds braaly uncan ta me;
I canna be sure hit's mi ain voice.

14
I happened apön a parteeclar steyn
But left hit lyin i da rig.
Forgie me, I canna be sure o damoarn;
I only hae daday.

15
A'm atween a bamboo flute an a sheep-hoarn bugle;
Language fae da Göd-Man lats mi jaws mitten a hadd
o a compass med fur da mizzerless ocean.

16
I clim apö da back o da Göd-Man
Wantin ta lay him up a guddick,
But I neeb aff laek a salmon
In watter lichtit bi da glöd o dimriv.

17
The hearth of the Nuosu –
At the world's centre, a gigantic ring.
18
In Jidi Puyi's[4] lifetime
He never left his home district,
But everything he said
Gave an account of the world's ways.
19
The eagle flew to the furthest limit,
To its final moment of physical destruction;
It didn't allow anyone to see
That culmination of infinity and emptiness.
20
Between sky and earth
I'm a round point, and when time capsizes
I see the birthmark of emptiness
Emerging across the heavens.
21
For whoever gains possession of his windpipe,
Let songs come forth until his tongue turns numb.
As singer he's come down through 57 generations;
Who knows which fleshy envelope will be chosen next?
22
Who makes the ranged mountains sing in unison?
Could it be the hero Zhyge Alu[5]
That enduring one still lies across this land,
Tightening our grip on reins of the homeward journey.

---

4 Jidi Puyi was a wise elder and townsman of the poet's
   father [translator's note].

17
Da hearth o da Nuosu –
At da haert-holl o da aert, a munstrous ring.
18
Ithin Jidi Puyi's lifetime
He aye baed innadaeks,
But aathin he said
Wis aboot da wyes o da wide wirld.
19
Da erne fled tae da fardest point.
Tae hits hidmist meenit, hits boady scomfished;
Hit didna aloo onyeen ta see
Dat consummation o infinity an emptiness.
20
Atween lift an aert
A'm a roond point, an whan time tirls headicraa
I see da birtmark o emptiness
Lowsin across da heevens.
21
Fur whaaivver taks control o his trapple,
Lat sangs come furt till his tongue turns numb.
As singer he can coont kin trowe 57 generations;
Wha kens whit saaft soondbox 'll be waeled oot neist?
22
Wha maks aa da mountain taps sing tagidder?
Could hit be da hero Zhyge Alu?
Dat een lang-mindit still lies across dis laand,
Tichtenin wir grip apö da reins o da haemwird gaet.

---

5   Zhyge Alu is a mythic hero of the Yi people whose deeds
    are recounted in an eponymous epic and in the *Hnewo
    Teyy* (*Book of Origins*).

23

As the silversmith Ergu[6] taps out shapes in silver
Butterflies tremble to life in somebody else's body.
Though he has bid farewell to the land of the living,
His busy tip-tapping's still heard among us.

24

That long dead dog named Shalo[7]
Is just a shadow now;
A rasp of bloody sawteeth
Separates it from us in time.

25

It was our historical mistake to divide people
Into this or that caste. Now I've two things
That didn't originally belong to me.
Can you take them from me right away?

26

When the taste of illegal drugs is in my mouth
I miss the taste of bitter buckwheat.
When I refuse to take illegal drugs
Visions of ripe buckwheat appear before me.

27

There were gold diggers deep in the highlands;
They excavated a deep pit there.
This was proof of crime, but wounds keep silent.

28

They rode on horses to inspect their territory;
On horseback they held their cups level
Not spilling a drop of wine;
Now we've lost the knack of this.

---

6   Ergu is the name of a master silversmith in Yi tradition.

23

As da sillersmith Ergu dings oot shapes in siller
Butterflees vimmer inta life in someen else's boady.
Though he is lang gien fae da laand o da livin,
His eident tip-tappin's still heard among wis.

24

Dat lang dead hund caa'd Shalo
Is jöst a shadow noo;
A risp o blödy yackles
Sklents time, keeps wis fae him.

25

Hit wis a faat i wir back-story at we spleet fock
inta dis or dat caste. Noo, I hae
twa things I didna come here wi.
Can you tak dem fae me richt awa?

26

Whan da taste o illegal drugs is in mi moo
I miss da taste o bitter beremel.
Whan I wunna tak illegal drugs
Da sicht o ripe bere comes afore mi een.

27

Dey wir gowld diggers deep i da mountains;
Dey delled oot a deep pit dere. Dis shaad dey wir
up ta nae göd, but da scordet laand keepit shtum.

28

Dey göd on horseback ta luik owre der territory;
Apö der horse dey hüld der cups steady
No a drap o wine wis speelt;
Noo wir lost dat vynd.

---

7   Shalo is the name of a dog that the poet remembers from
    childhood [translator's note].

11

29
No one dared to laugh at my forefathers,
Because all through their lives
Their heads had mountaintops for a vantage point.
30
Having a fund of proverbs and maxims
Meant you could swallow sun and fire.
Elders sat on the hearth's upper side;
Their words brought the world into transparency.
31
Not every book forgotten in darkness
Contains a word that was startled awake by light;
Death's victories pass by, rubbing shoulders with them.
32
Caressing air blows overhead in darkness,
A dark raft drifts before the wind.
Only light, the be-all of existence
Can return to the time of origin.
33
Amid the stillness of ranged mountains
Only light reflected from heaven lets us see
The past and present lifetimes of snow.[8]
34
Only light can guide us
To cross over the abyss, to grow wings
And become god's messengers.
Some say the light gives each person only one chance.

---

8 The Nuosu word for "snow" is etymologically related to
   apuwasa – the spirit/daimon epitomising a family's or indi-
   vidual's highest aspirations and virtues [translator's note].

29
Naeboady daared ta gaff at mi forebears,
Fur aa trowe der lives
Der heads aye luikit oot fae da mountain taps.
30
Haein a dose o wise wirds an sayins
Meant you could glunsh sun an fire.
Da aald fock set dem apö da upper side o da haertsteyn;
Der wirds med sense o da wirld, liftit da veil.
31
No ivery book foryatten i da mirk
Hadds a wird twartled bi licht;
Daeth's victories geng by, owre clos fur comfort.
32
Abön, da saaft clap o air blaas i da mirk,
A dark raft drifts afore da wind.
Only licht, da very stuff o existence
Can fin da haemwird gaet, da start.
33
I da stillness o da mountain taps
Only licht refleckit fae heeven lats wis see
Da past an present lifetimes o snaa.
34
Only licht can guide wis
Ta cross owre da vod, ta growe wings
An become da Göd-Man's messengers.
Some say da licht gies ivery een jöst wan chance.

35

I didn't grab hold of time's reins,
But with luck I mounted a horse of light.
The blaze of its forehead is the sun's arrow-tip;
It commands me: "Go and slaughter death."

36

Eternal being, aside from clinging to darkness
Can only choose the light.
At the height of heaven's vault, I know,
Only light can open the door to tomorrow.

37

To take mountain peaks as the point of departure;
Would this be dichotomising infinity?
Such things can't be kept apart by a mantra…
Who can divide up seamless oneness?

38

Constellations don't slide along on their own;
The silent Milky Way is the strangest mystery.
As wind stirs in eternal darkness…
It blows open side doors that were once sealed.

39

Above a megalith,
Star clusters deploy the creases of a palm-print;
They wait to be dispatched – back to the original
    womb.

40

A sacred branch is inserted in the good earth;
In sidereal space, right then, a star burns out.
Whose hand is the sacred branch inserted by?

35
I didna yock a hadd o time's reins,
But wi luck I sprang apö da back o a horse o licht.
Da bricht aze apön hits broo is da sun's arrow-tip;
Hit oarders me: "Geng furt an fael daeth."
36
Eternal being, forbye haddin ta da mirk
Can only choose da licht.
At da tap o da firmament, I ken,
Only licht can oppen da door tae damoarn.
37
Ta tak mountain taps as da dividin line:
Wid dis be spleetin infinity in twa?
Sic things canna be pairtit bi a chant o wirds ...
Wha can sinder something dat's truly hale?
38
Da starns i der pattreens dunna slidder alang apö der
    ain;
We strange at da wheestit mystery o Da Mylky Wye.
As wind mövs peeriewyes i djubs o mirk ...
Hit blaas oppen side doors dat eence wis sealed.
39
Abön a staandin steyn,
Pattreens o starns set demsels laek lirks apön a löf;
Dey wait ta be sent oot – back tae der birtin place.
40
A sained branch is plantit i da göd aert;
In a constellation, richt dan, a starn burns oot.
Whase haand plantit da sained branch?

41

A hen clucks constantly;
A grouse perches on the roof.
Should a journey commence tomorrow?
I only listen for the rooster's crowing.

42

Don't keep a saddle indoors:
That would go against our taboo.
My steed leaps into the clouds,
Its hooves treading upon feathers.

43

Ashylazzi was not a deaf-mute;
His temperament was innately silent.
He caused words to give milk
And created a key to open them.

44

It's said that in our pasture grounds
Cows and sheep saw the same scenes as always,
But they never saw you looming shape;
Since then only waste ground remains here.

45

Who bumped that dewdrop loose from a blade of grass?
It slammed into the ground and made a huge pit.

46

For the sake of ranged mountains
I am willing to ride forth and meet death;
Over thousands of years, I haven't been the only one.

47

Sheep were sold to a faraway place;
Tonight their wraiths return to the corral.
The stone I throw into the darkness
No longer stirs an answering sound.

41
A hen is nivver dön tuc-tuckin;
A grouse öses da röf as a baak.
Sud a vaige stert damoarn?
I only lö fur da cock's craa.
42
Dunna keep da horse's bend in aboot
da hoose: We forbid dat.
Mi horse loups inta da cloods,
His clivs strampin apö fedders.
43
Ashylazzi wisna a deaf-mute;
He jöst hed quiet wyes.
He caased wirds ta yield mylk
An med a key ta oppen dem.
44
Hit's said dat ithin wir mödows
Kye an sheep saa jöst whit der aye seen,
But dey nivver saa your shaep lömin up;
Since dan der naethin but a möldie-blett here.
45
Wha reeseled dat dewdrop fae a blade o girse?
Hit hammered inta da grund an med a muckle höl.
46
For da sake o mountain taps
A'm willin ta ride furt an meet daeth;
Owre thoosands o years, A'm no bön alon in dat.
47
Sheep wis selt tae a fram place;
Danicht der ghosts come back tae da crö.
Da steyn I bal inta da mirk
Nae langer maks a echo i da vod.

48
Hornets sing on a cliff-side,
Not letting golden sunlight go to waste.
Next year at this halcyon hour,
Only eaglets will have their nest here.

49
Once it ran three hundred miles in a day,
Now that magical steed remains in the stable.
Galloping of hooves can only go on
By changing to another game.

50
I am a dowel of the world:
Without me the backbone of the cosmos
Would make a creaky, grating sound.

51
Four golden tigers
Spin the earth beneath their feet.
While dozing beside a big river
I sneak onto a tiger's whisker.

52
Because you are here, time casts a placid spell
On the river's enduring current.
It's named Ddipoyymo,[9]
Its noble, profound flow does not churn and froth.

53
I am a son of the Twelve Snow Tribes.[10]
Six of them are plant and six are animal…
The gods bear witness to us, but only we human beings
Have slaughtered our brother creatures.

---

9   Ddipoyymo is a famous river in the heartland of Greater
    Liangshan. It is often referred to in description of female
    beauty.

48

Hornets sing apö a banks-broo,
No wastin ony gowlden sunlicht.
Neist year, at dis paeceful ooer,
Only young erne 'll nest here.

49

Eence hit ran tree hunder mile in a day,
Noo dat magical horse bides i da barn.
Da clivgeng can only geng on
Bi changin tae anidder game.

50

A'm een o da wirld's sharl-pins:
Ithoot me da riggy o da cosmos
Wid neester an mak a snyirkin soond.

51

Fowr gowlden tigers
Spin da aert anunder der paws.
While neebin bi a muckle burn
I smoot inta a tiger's whisker.

52

Since you are here, time casts a paesfoo vaam
Apö da burn's duggit current.
Hit's cried Ddipoyymo;
Hits noble, profoond flow nedder kirns nor froads.

53

I am a son o da Twal Snaa Tribes:
Six o dem is plants an six is animals …
Wir witness is da gods, but only we humankind
Ir cut da trots o wir bridder craiters.

---

10 According to the *Book of Origins*, earthly life originated
   in a region of much snow, and each species fell into on of
   the Twelve Tribes [translator's note].

54

In the mountains, a vertical flute as thin as a reed
Is the hidden backbone of the Nuosu;
It blows sounds of death; it blows sounds of life.

55

Ashylazzi and Jidi Majia
Are sometimes the same person.
Their voice comes from the chorus of ranged mountains.

56

Jubilation is death's victory in alternate form;
Without a ritual there is no proof.

57

I am Jidi Lueqie Majia-lage;[11]
My veins have been opened;
Go ahead and shoot, then I will take my turn.
May your bullet find its mark in my heart.

58

We've a tradition of blood vendettas here
Even as the shadows of mountains cover us.
Wail as you may of blood debts from your father's era,
My poems only uphold freedom and love.

59

Don't depend too much on reins you hold:
That pony is your loyal companion.
Yes, put your trust in a being that's nothing;
In the end it will arrive at the land of fire.

---

11 Jidi Lueqie Majia-lage is the poet's full name. "Jidi" is the
family name; "Lueqie" is his patronymic; "Majia" is his
personal name; "Lage" is his baby name (used only by
close relatives) [translator's note].

54

I' da mountains, a upendit flute as tin as a reed
Is da hiddled awa riggy-bane o da Nuosu;
Hit blaas soonds o daeth; hit blaas soonds o life.

55

Ashylazzi an Jidi Maija
Ir sometimes een an da sam boady.
Der voice comes fae da sang o mountain taps.

56

A foy is daeth's victory in anidder form;
Ithoot a ritual der nae proof.

57

I am Jidi Lueqie Majia-lage;
Mi veins is bön spleet;
Geng on dan an shut me, A'll tak mi turn.
Micht dy bullet fin hits mark ithin mi haert.

58

Wir aert-kent fur blöd feuds here
Even though we hoid wis i da shadow o mountains.
Greet awa as you laek o blöd grudges fae your faider's time,
Mi poems only hadd heich freedom an love.

59

Dunna coont owre muckle apön reins du hadds:
Dat pony is dy trusty fellow-traiveller.
Ya, pit dy trust ithin a bein dat's mystery;
At da end hit'll win tae da laand o fire.

60

Hospitality is one of our virtues;
Our hearth fire lights the roof-beams.
Now it's time to pass the leather wine bowl;
Only ashes will remain of tonight's flames.

61

Shama Vyzyr[12] was best at playing moon guitar;
She lived to pluck the strings.
It's said that on the day she died,
A string of her *yuoqi* broke in the wind, all by itself.

62

That kitty in the courtyard
Knows nothing of life's absurdity.
It's toying with a mouse,
To give the afternoon a touch of intrigue.

63

The priest erects a white ladder
Between human beings and ghosts.
He raises a smoke column high
To send tidings into the next world.

64

I dreamed my mother was using a ladle,
Scooping honey from a golden river.
There was splendour in the sunlight,
And wind was tousling her hair.

65

They are past counting, those lips
That drunk from the eagle-talon goblet.
We are passers-by in this world;
New owners are taking over now.

---

12 Shama Vyzyr is a famous player of the moon guitar
(Chinese, *yueqin*; Nuosu, *yuoqi*).

60
We aye laek ta gie fock a wylcome;
Wir fire lichts up fae da raep tae da couples.
Noo hit's time ta pass roond da ledder wine bowl;
Only ess 'll be a mindin o danicht's flames.
61
Shama Vyzyr wis best at playin mön guitar;
Pluckin hits strings wis her life.
Hit's said dat on da day shö deed,
A string o her *yuoqi* brook i da wind, aa bi hitsel.
62
Dat kyettlin i da yerd is unawaar
o foo life is naethin but oorick.
Hit's tizin a moose,
Ta kyittle up a peerie ruse i da eftirnön.
63
Da Upstaander sets up a whicht ledder
Atween humans an speerits.
He maks a column o smok rise heich
Ta send uncans inta da neist wirld.
64
I dreamed mi midder wis ösin a ladle,
Owsin honey fae a gowlden burn.
Dey wir a strangin i da sunlicht,
An wind wis tooslin her hair.
65
Der past coontin, yun lips
dat drank fae a cup med o eagle-claas.
We pass trowe dis wirld in a blink;
New owners are takkin owre noo.

66

I cast the net in my hands
Hoping to gather in a weighty interval,
But what I ended up catching
Was genuine nothingness.

67

Unless your wits cross the rangeland of language,
Your fast horse will never reach the heart of a word.

68

I want to go to a city without city walls;
By no means do my legs and spirit lack freedom.

69

It wasn't you who discovered me;
I've been here all the while.

70

Legend says a kernel of grain hitched a ride on a dog's tail,
Otherwise these foothills wouldn't have terraced fields.
Some say this time you've brought along a random chance,
Not a coincidence that needs all kinds of explaining.

71

I was never fastened to an imaginary blackboard,
So I won't claim that luck let me break free.
Anyway, when Ashylazzi questioned me,
I answered according to the way things are.

72

Little fish darted in water pails carried by women;
Chickens in the backyard weighed twelve pounds;
In that ancestral place, kitchen fires never ceased;
All are only kept alive now in dim recesses of words.

66
I cast time's net i mi haands
Hoopin ta hail a weichty lent,
But whit I fan i mi net
Wis truly naethin ava.
67
Unless you can gyet your harns across da broos o language,
Your fast horse 'll nivver win tae da haert-holl o a wird.
68
I want ta geng tae a ceety ithoot waas;
Der nae wye mi legs an speerit is short o freedom.
69
Hit wisna dee at cam apö me;
A'm bön here aa da time.
70
Saga says a puckle o coarn got stucken in a hund's tail,
Ithoot dat dis broos widna hae terraced rigs.
Some say dis time you're lichtit apön a random chance,
No a fluke at needs aa kind o explainin.
71
I wis nivver grippit bi sic laernin,
Sae I wunna claim luck lat me brack oot.
Onywye, whan Ashylazzi whissed me,
I ansed da wye I saa things, as dey ir.
72
Peerie fysh smootit aboot in daffiks o waater kyerried bi weemen;
Shickens i da yerd wi a weicht o twal poond;
i dat calf-grund, keetchin fires wir aye keepit in;
Aa only lowin noo i da gloorie nyooks o wirds.

73

Though I like the colours black, red and yellow,
There are times when I am fondest of white,
But the colour black, after all,
Is closest to my soul.

74

A golden river flows through the future,
Tranquil and soundless, serene and unhurried.
It covers up dreams and at the same time covers up tears.

75

I want to go back, but I can't;
Just because I can't go back, I want to go.

76

I want to go to Sala Ndipo[13]
In that place I'll while away seven days and nights.
All through those seven days and nights, I'll love everyone,
Keeping in mind who is my one and only.

77

The Yi proverb says, "Among foodstuff bitter
   buckwheat is supreme."
Only yesterday I ate bitter buckwheat,
But my mother is frail with age.
Who among the living has seen her girlish appearance?

78

In this era of darkness and brightness
I will not stop singing of the sun,
Because my poetry was impregnated by light.

79

Time does its dance on the tip of a knife;
Only light pierces into the future.

---

13 Sala Ndipo is a place name. in the Yi language it means
   "grazing ground with abundant wetland plants."

73

Though I laek da colours black, red an yalloo,
Der times whan I'm maist fond o whicht,
But da colour black, eftir aa,
Is closest tae mi sowl.

74

A gowlden burn flows trowe da future,
Peerie-wyes, soondless, calm an takkin hits time.
Hit smoors draems, an gowlin an aa.

75

I want ta geng back, but I canna;
Jöst becaas I canna geng back, I want tae.

76

I want ta geng tae da mödows o Sala Ndipo
Dere A'll tweet awa seeven days an nichts.
Aa trowe dat seeven days an nichts, A'll love aaboady.
Mindin dat een dat's truly speeshil tae me.

77

Da *Yi* wise sayin gengs, "Among maet bitter beremel is
    da best."
Only yesterday I öt bitter beremel,
But mi midder is pör-aamos wi age.
Wha still livin minds whan shö wis a lass?

78

Ithin dis time o mirk an brichtness
A'll no white singin o da sun,
Fur my poems wis steepit in licht.

79

Time dances apö da tip o a tully;
Only licht pierces inta da future.

80
Proverbs come to life in a pitcher of wine;
Every sentence has the flavour of flames.
81
I burrow into the world's cracks;
Only light lets me see what's died.
82
Having lost the saddle that belonged to me,
I can only fly on wings of spirit.
83
My mother tongue sobs in the darkness;
Its wings had to pass through the needle's eye of dawn.
84
I waver between flames and icy snow;
The moment's no different than being dead.
85
Brightness and darkness rule the world;
Their alternations in time can't be changed.
Death's steady wind brings a secret message:
They are a pair of twin sisters.
86
In that bygone era of heroes,
Gods and warriors patrolled the mountains.
The silent sky was a remote void;
Only dignity won out over death and time.
87
I will not take leave of this world anywhere else –
Only in the embrace of mountains, at the hour of dawn.
As flames engulf my body
I'll send a bird to tell you…

80
Wise wirds come ta life ithin a jug o wine;
Ivery sayin hes da keetchin o flames.
81
I burrow inta da wirld's clefts;
Only licht shaas me what's deed.
82
Haein lost da saddle dat belanged ta me,
I can only flee on wings o speerit.
83
Mi midder tongue gowls i da mirk;
Hits wings hed ta win trowe da needle's een o dimriv.
84
I waavel atween flames an icy snaa;
Dis meenit is nae different fae bein dead.
85
Brichtness an mirk rule da world;
Der comin an gyaain canna be changed.
Daeth's steady wind brings a secret message:
Der a pair o twin sisters.
86
I da far back days o heroes,
Gods an warriors guardit da mountains.
Da wheestit lift wis vod an far awa;
Only self-wirt trumphed daeth an time.
87
A'll no laeve dis wirld idder is ithin
da bosie o da mountains, whin dimriv bracks.
As flames owretak mi boady
A'll send a bird ta tell you…

88

I will leave no incantation of this world,
Because slaughter is still going on.
I can only lower my head toward the dust
And whisper to you: "Forget hatred."

89

Even when humankind as a whole despairs,
We can't despair,
Because we're humankind.

90

Behind my eyes there are other human sounds –
Sounds made by hundreds and thousands of people;
All their voices are compounded into one,
And that is my voice.

91

If the day ever comes when this world
Finally recognises my value,
Darkness will pass out of my wounds,
And at last I can be part of the light.

92

Truth sits in a place not far away
Watching us. Agishyzu[14] is there also,
But when we get anywhere close,
Fallacy is also sitting beside them.

---

14 Agishyzu is traditionally famous as a priest and wise man
   among the Yi.

88

A'll laeve nae greests an chants i dis wirld,
fur kyillin is still gyaain on.
I can only boo doon tae da grund
an hark tae you: "Foryat hatin."

89

Even whan da hale human race losses haert,
We canna gie up hoop,
Fur wir humankind an aa.

90

Ahint mi voice der idder human soonds –
Soonds med bi hunders an thoosands o fock;
Aa der voices is blendit inta wan,
An dat's mi ain voice.

91

If da day ivver comes whan dis wirld
Is at last awaar o mi wirt,
Mirk'll laeve mi wounds,
An at last I can be pairt o da licht.

92

Truth sets her clos by
Watchin wis. Agishyzu is dere an aa.
But whan we come a coarn closser
Untruth is sittin aside dem as weel.

93

I wake from the day and the hour to see
The Nine Yellow Stars[15] presiding in heaven.
Not all divination's done to reveal people's fortunes;
Poetry only praises eternal motions of sun and moon.

94

I don't know where Bbylozzibbo Mountain[16] is,
Or which quarter the next wind will blow from.
No matter how dark the room, by light of embers I
    discern,
Sooner than most, how existence is for my fellow beings.

95

From the start I haven't lived for myself,
So I dare to grasp a virtual dagger ahead of time
And plunge it into my heart.

96

My heart is covered with scars
Yet I face this world with a smile.
If I could really pass through a crack in time,
Perhaps I could find the key to happiness.

---

15 The Nine Yellow Stars are an asterism in which each
of the stars exert influence in sequence according to a
numerological system which integrates the Chinese
luoshu (a nine-number square used in divination) with
the ten-month solar calendar of the Yi Minority. This
asterism is mentioned in an astrological text titled
Tuludouji (*Generation of the Cosmos*) translated into
Chinese by Want Ziguo (Guizhou Minorities Press,

93
I waaken fae da day an da ooer ta see
Da Nine Yalloo Starns controllin heeven.
No aa dat's spoed is dön ta spell oot fock's fortunes;
Poetry only röses da endless mövments o sun an mön.
94
I dunna ken whaar Bbylozzibbo Mountain is,
Or fae whit ert da neist wind 'll blaa.
Nae maitter foo dark da room, bi licht o emmers I
   pick oot,
Shöner dan maist fock, foo life is fur wis aa.
95
Fae da beginnin A'm no lived for mesel,
Sae I daar ta yock a hadd o a mak-on dagger o future
An sink it inta mi haert.
96
Mi haert is plestered wi scars
Yet I face dis wirld wi a smile.
If I could raelly pass trowe a sklent in time,
Maybe I could fin da key ta blydeness.

1998), and the preface by the president of the Guizhou
Province Yi Studies Association, Lu Wenbin, discusses
Nine Yellow Stars in relation to the divinatory trigrams
and calendrical period [translator's note].

16 Bbylozzibbo is a mountain range often mentioned among
the Yi as a geographical feature. It's said to be located in
Yunnan Province.

97

In the grove there's a dove
With hopes of flying to a distant, bluish peak.
Its only worry is that a hawk would suddenly appear:
Death would leave blankness in air where life once was.

98

At my birth, mother bathed me with pure water;
When I leave this world, no one will cleanse me of grime.
This beautiful and dirty world
Is like a water drop, passing in a moment.

99

A big cat stalks the mountain forest;
Leaving the brilliance of its pattern behind.
I refused an invitation to the banquet of a single word,
But made a date for a flyting of 10,000[17] sentences.

100

Asleep with my arms around a saddle…
Words are horseshoes clopping in my ears,
But outside of the house lies a silent wasteland.

101

The 360 degrees of heaven forever stir
With gusts of pure and turbid energy,
Holding mastery over doors of life and death.
Anyone else is an onlooker.

---

17 Flyting refers to a verbal sparring match in which participants vie to outdo each other in wit, imagination and grasp of proverbial expressions. In Yi society these matches are held on celebratory or convivial occasions. The Nuosu term which corresponds to "flyting" is *kne-re* or *knep-rep* [translator's note].

97

Among da bushes der a doo
Dat hoops ta flee tae a far awa blueish peak.
Hits only wirry is dat, in a stowen dunt, a hawk wid appear:
Daeth wid leave naethinness in air whaar eence wis life.

98

At mi birt, Midder wöshed me wi pure watter;
Whan I laeve dis wirld, naeboady 'll clean me o glaur.
Dis boannie an eltit wirld
Is laek a drap a watter, gien ithin a meenit.

99

A muckle cat smoots trowe da mountain forest;
Laevin his pattreen veevly ahint him.
I turned doon a bid tae a banquet o a single wird,
But set a date for a flytin o ten thoosand sentences.

100

Asleep wi mi airms aroond a saddle...
Wirds is clivgengs i mi lugs,
But furt lies a wheestit wilderness.

101

Da hale circle o da heevens forivver möv
Wi laars o pure an muddled energy,
Haddin poo'er owre doors o life an daeth.
Onyboady idder is a jöst a onluiker.

102
From the cracks in a plank-roofed house
Glimmers from the starry heavens show through.
Could there be another roof above the stars, or just
    daybreak?
This is an enigma, and it's another maybe.
103
Myriad things of the world take birth and die;
The gates of life and death are always open.
Like others, I'll leave three souls after death,[13]
But one of them will chant poetry through the ages.

---

13 According to the Yi people, a person leaves three souls at
    death. The *hlage* (unwise soul) remains at the cremation
    ground, the *hlaggu* (half-wise soul) receives offerings at
    a memorial plaque, and the *hlayi* (wise soul) travels on a
    white road to join one's ancestors.

102

Fae cracks i da widden-röfed hoose
Glims fae da starns ithin da lift shaa trowe.
Could der be anidder röf abön da starns, or jöst
    dimriv?
Dis a mystery, an anidder maybe.

103

A mird o things o dis wirld are boarn an dee;
Da grinds o life an daeth are aye oppen.
Laek idders, A'll leave tree sowls eftir daeth,
But een o dem 'll chant poems trowe da ages.

I, Snow Leopard...

– Dedicated to George Schaller*

Snaw Ghaist

– Mindit tae George Schaller

1

As a meteor parts the sky overhead
My body, in an instant
Is touched by radiance
Set alight in snow-white flames
And my shape is a lightning streak
Like a silvery fish receding
Against the dark vault of sky
I am the true son of snowy mountains
Watching over solitude, persisting
Through all temporal stages
Crouched among hardened waves of boulders
I stand guard here –
On this rangeland of supreme height
Surely my blood has been proven noble
By the line of descent from my forefathers
My birth was a miracle
Gestated for millennia in white snow
My death is cyclic transformation
Of silence in this snowy domain
Just as my name implies
I hide in mist and windborne frost
I too walk in awareness of life
But skirting its other margin
Blooming from deep in my eyes
Is the starry glint of breath
The pearls of my thought
Coalesce into droplets of dawn
In a long chapter of scripture
I am not the opening lines
Ranged mountains defeat time by silence
Which is also my voice

1

A space-stane rives the lift abuin.
Richt awa ma bodie's
Touched bi radiance
Set licht tae in snaw-white lowes
An ma shape's a bleeze o lichtnin
Lik a sillery fish puin back
Agin the lift's ongaun nicht.
Ah'm the verra chiel o the snaw-croont bens
Haudin gaird owre lanesomeness, ayebidin
Athort aa tides an times
Hunkered amang the haurd stane-waves
Ah haud the gaird here –
Tapmaist on yon spreid o muckle hichts
Shairly ma bluid shaws kinglike
Doon fae ma faithers an aa their faithers
Ma whalpin wis byornar
Held wame-safe in white snaw owre millennia;
Ma daith is ongaun chynge
O quaitness in this snawy airt
As ma name micht imply
Ah hide in haar an cranreuch
An stravaig the kennage o life
But plooterin aboot its ither mairgin
Blumand fae deep in ma een
Is the starn-lik gliskin o braith
The pearls o ma thocht
Gan holus-bolus intae draplets o dawn
In a lang chaipter o scripture
Ah'm no the verra first lines
Gaithered bens ding doon time wi their quaitness
Whilk's ma ain vyce an aa:

41

I do not belong to those written words
Suspended by language from the sky
I am merely a beam of light
That leaves a radiant tracery,
I faithfully vow
No traitorous words will ever inscribe me
I forever live beyond boundaries
That some would fashion without substance
I will never choose to leave here
Even when death claims these snowy peaks

2
On the cut-out of a ridgeline, I stand as a flower
Of deeper black, as substance and nothingness
Fall away in the air of midnight

In freedom patrolling this territory
Of my forefathers, by a pattern passed down
In code of blood and bone

In glimmering pre-dawn hours
Heeding the call of appetite
I wend my silent, secret way

Only in such moments
Do I truly bring alive
An epoch that seemed to have passed...

3
Watching a falling star
This body drifts in a cosmic sea
Eye-glint of ghostly blue keep company

Ah'm no jyned tae thir scrievin wirds
Hingit bi leid fae the lift
Ah'm jist a lichtie
Leain a bricht ootlinin,
Ah sweir bi aa that's michty
Nae turncoat wirds will e'er mark me
Ah bide for aye ayont borders
That some wad big athoot makkins
Ah'll aye bide here
Even when daith gets a grip o thir snawy hichts.

2
On the ootline o crag an shin Ah staun lik a flooer
O mirksome black as makkin an unmakkin
Drift aff intae the air o midnicht,

In the scowth o mairchin this wardland
O ma faither's faithers bi a pattern cairrit on
In code o bluid an bane,

In skinklin oors o skreck o day
Tentin the cry o hunger
Ah pad my quait an unkennt wey

It's ainlie in sic meenits
That Ah richtly pu tae life
An aeon we thocht gane lang syne.

3
Tentin a sklitin starn
Ma bodie snooves ben an ayelestin sea
Sklent o ghaist-blue gans thegither

43

With a weightless soul, as they ascend
Toward ever-higher levels
Before the body even starts
To clear the ground with lightning leap
These legs filled with tensile strength
Strike up a beat on metallic air
In a series of movements no one sees
My breath and memories and secret scent
By now cover this wilderness, but do not seek me
Where all traces of masks are gone.

4
Now, I myself am none other than this snowy realm
Move quietly and listen into the wind
You may hear the cracks of my joints stretching
An eagle riding updrafts does combat
With unseen rival – that is my shadow
Which ranges over the threshold zone
Between light and darkness
Where a valley meets with a river's course
No bird of prey makes its silent plunge
I have left this as a sign for you to read
If a marmot scrambles for cover
Even where no pursuer
Is seen running behind it
That is due to my intention
Which makes it sense the presence of danger
At such times you will not see me
On this globe rife with pretence and slaughter
You will never find me
In any domain but my own.

Wi a wechtless sowl, as they heeze thirsels
Up tae tapmaist hichts.
Afore the bodie even sterts
Tae lea the grun wi bleezin loup
Thir shanks filled fu o stressit strength
Hammer tattoos on ironeerie air
In a blinter naebody can see
Ma braith an mindins an howdert snoke
Bi noo smoor thir mairs but dinnae ettle
At finnin me whaur aa fause-faces are gane noo.

4
Noo me masel am thir snaw-smoort braes thirsels
Pad quaitly an cock a lug tae the win
Aiblins ye'll hear ma jynts craik when they streetch
An aigle on the heeze fechts
Wi unkennt enemy – yon's ma shedda
Reengin owre the borderlands
Atween the licht an mirk
Whaur glen jynes wi river's coorse
Nae hawk maks a quait killin fa
An Ah've left thon for a sign ye can read.
Gin a marmot skitters tae a byplace
Even when nae cratur's
Seen rinnin ahin it
Yon's doon tae me
Makkin it tent daith's nairness.
At sic times ye'll no see me
On thir planet stowed wi fawsehoods an slauchter,
Ye'll nivver fin me
Ochtlins but whaur Ah bide.

5

I cannot tell you the name
Of this plant or that animal
Yet I am sure this is a circular world
I know not if the weight on life's scale
Should be nudged a bit to the right
Or nudged a bit to the left
I am just a snow leopard, unable to tell you
The relation of one living thing to another
But I believe: the order of the cosmos
Does not come from random confusion
Innate with me from birth
Are a thousand threads of reliance
With antelope, red fox and marmot
We are not a bypath where fate turns a corner
We are more like a riddle beyond solving
We have lived here a long time already
Now none can do without the other's existence
Yet we go through startlement and fear
Between the hunt and new life there is no longer a
    distinction…

6

My tracks left on snowy ground
Have shapes that to some
May have greater beauty
Than a string of plum blossoms
Or they may be extensions of nothingness
Because they point out nothing
About any inherent mystery
And cannot prophesize
A conclusion still unknown

5

Ah cannae mind the name
O thon flooer or yon cratur
But am shair this warl's roon.
Ah dinnae ken if the wecht on the scales o life
Ocht tae be prokit a wee sint richt
Nor prokit a wee sint left;
Ah'm nocht but a Snaw Ghaist, cannae tell ye
Hoo ane leevin thing's sick tae t'ither
But Ah believe: Hoo the universe hings thegither
Isnae whalpit fae sic an sic turravee.
Inmaist wi me fae birth
Are a thoosand threids o haudfast
Wi antelope, rede tod an marmot:
We're no some aff-pad whaur weird taks a corner
We're mair lik a saw ayont kennin
Hae bided hereabouts lang syne aaready
Noo ilkane's thirled tae t'ither
An yet we maun gie the bum's rush tae feartness an
    skeighness
Atween the hunt an new life there's nae ithergait ony mair.

6

Ma fuitprents on snawy grun
Hae shapes that tae some
Might hae muckle mair brawness
Nor a wheen o gean blooms
Or aiblins ongauns o nochtness,
Acause thirsels they pynt oot nocht
Anent ony inbidin mystery
An cannae tell whit's comin
A feenish unkennt forby

In truth the miracle of life
Has made it clear: Between transitory life
And death that lasts forever
There is no way of telling
Which is more important
These traces left by paws
Are not marks of a diviner
Yet they are a language, able to pronounce
The voice of silence
Until a stiff wind bears down
Or a snowstorm steals up
Then this line of fading prints
Will be swept from existence...

7
At the instant I appear
I may recur, out of once-dead memory
Or in a dream vision newly wakened
You will glimpse me, genuine yet set apart
I am the sun's reflection, beam from silver coins
Geometry among boulders, a being planted in wind
The colour of roses trickling through air
Cataract giving release to a thousand roses
Speed in stillness, golden arc
Strokeable time, force from brokenness
Incremental contour, black + white made possible
Chieftain stamped in light, "0" that crosses the abyss
Dropped spear of the cosmos, arrow in flight
A fugitive crystal split away
From wishful dream visions
Flung water-beads, mottled colouring
Telepathic cowries decking a warrior's sash

True tae say the miracle o life
His reponed tae yon: Atween flichtie life
An ayebidin daith
We cannae say
Whit's o mair import.
Yon leavins fae ma paws
Arenae merks o a god
But are a leid, wi will tae pronoonce
The vyce o quaitness
Til a hoolie blaws in
Nor a lyin-storm slees owre,
Then thir line o dwynin prents
Will be reddit fae the earth.

7
The meenit Ah blaw in
Ah micht again, oot o deein mindins
Nor in a dream jist waukened
Ye'll skeck me, richt yet itherwise.
Ah'm the sinn's mirror, licht aff the siller coins
Geometry amang the crags, plantit in win,
The colour o roses fluffin through air,
Muckle cleuch lowsin a thoosan roses,
A spate in the quait, gowden arc
Chyngeable time, strenth oot stramash,
Hail ootline, black an white made real,
King o the lift as sic in flicht birlin owre the cleuch,
Firmamental chib, erra in flicht,
Orra whin broukit
Aff o wissfu dwam an cant,
Hoyed watter draplets, colours heeligoleerie,
A shellycoat but bonnie fechter,

49

A king's headpiece gone missing
Again resurrected in the planet's womb

8
February's the season of life saying no to shyness,
Commences the rampage of burning snow
A wanton wind, blowing its trumpet in a gorge
Forgetting names, here seeks and completes
The ceremony for another life to be born
The mysterious psalmody
Of all that is motherly
Coming forth and lifting her voice
Only for the god of fertility...

Hot pursuit... decentering force... free-fall... lightning
    flash... arcing
Desire's bow... well split gem... unresisting air
Exact same leap... tongue tip of scent... hardness for receptivity
Sprint and goal... slope of jaw... unequalled flying
Lingering light-beam... tug of dissolution... burden of absence
Jaws clamping... worrying... phosphor of veins... toothsome gift
Waves of respiration... abrupt ascent... intensity like the start
Hammering dance... deathly tug at the edge... emptying...
    emptying
Imaginings... earthquake tremors... offering made...
    concavity of earth
Exfiltration... collapse in pieces... fountain... fountain...
    fountain...
Weariness of the plunge lived through... edge-walker's
    tremble... remembrance
Stillness after lightning... waiting... echoes from mountains

A croon syne gane,
Brocht furth again in the warl's wame.

8
February's the couthie month, no blate,
Sterts aff the hurl an birl o fyoonachs,
A hell o a win, skrieghin awa in a cleuch
No mindin names, here luiks for an feenishes
The pairty turn o bairnin.
The orra chanterie
O aa that's mitherly
Waunerin oot tae heeze her vyce
Stracht tae the God o Radge hissel…

Glee-heidit chase…rowin oot the hale….licht-bout…
    streetchin
Wantin's bow…hauf-nor-hauf gem…lowsed air
Same loup…smytrie o braw snoke…hale-heidit but clear
Sicht an rin…corrie o jaw…perqueer fleein
Flisk o licht…the pu o the brak…the wecht o naething
Jaws stellt…fashin…lowe o bluid…daithly handsel
Waws o braith…skeigh fa…inmaist virr fae the stert…
Skelp-steps o daunce…daith's pu on the hem…tuimin,
    tuimin
Mindins…the planet shakkin…handsel gien…the inby
    earth
Skirlin ootweys…coupin in bits…watterspoot…
    watterspoot…watterspoot
Coupit ben an scunnered wi life…chancer's chitter…
    mindins
Stillness eftir stramash…bidin…echoes aff o bens.

9
Skipping along a cliff edge
In the film-negative of darkness
Sinking from sight in daylight's sea
Top to bottom logic of descent
Leaps the ravine of existence and nothingness
Territory of freedom
Where we are the only ones
To choose our own way
My four limbs clamber
Up the nerve net of a precipice
Paws treading on piano keys
Of boulders, with feather-light moves
I am a sailor of high terrain
Filled with wishes you cannot name
At the moment I strike
The wind's speed cannot rival mine
Even so I have armour all around me
Hear it sigh as air currents pass through
Yet I have armour all around me
Hear it sighing as air currents blow in
I am the prince of free-falling objects
Brother among twelve tribes of snow country
Charging upward at 90 degrees
Or in rapid descent at 120 degrees
It is my long, spotted tail that balances me
Just short of death's edge...

10
Last night I dreamed of Mama
She is still waiting there, that uncanny look in her eyes

9
Skitin alang the cliff-aidge
In mirk's back-tae-front
Slidderin oot o sicht in daylicht's wash
Tap tae bottom mense o the coup
Loups the glen o bein an naethin
Launs o freedom
Whaur we're the ainlie anes
Tae wale wir ain wey
Ma fower limbs clump
Up the harn-bubble o the drap
Paws steppin on pibroch keys
O stanes, wi lichtsome birls
Ah'm the tarbreeks o the taplands
Brustin wi wisses ye cannae cry;
At yon meenit Ah straik
The winflaucht's slae tae me
Yit Ah weer airmour aa aboot me
Hear it girn as the air caws abuin
Syne Ah hae aa ma airmour roon me
Sichtin an sighin as the air blaws in.
Ah'm the prince o ocht that draps
Brither mang twal clans o the snaw launs
Breengin up at 120 degrees
Nor in skeigh fa at 90 degrees
It's ma lang dottit tail that hauds me richt
Jist shy o the aidge o daith…

10
Yestreen Ah dreamt o Mither
She's hingin on there, yon fey luik in her een.

We are fated to be
Wayfarers in solitude
After two years it was time to venture forth
To prove in my own way
I could someday be a warrior
Fighting bigger battles than my father
In defence of my noble bloodline
And of honour that was kept unstained
Down through generations
Let my last drop of blood be shed

I will never choose a path of shame
At the fatal scenes of all-out battle
Before I meet my death
I will loudly tell the world
Whose son I am!
And my forefathers' heroic names
Have the holy purity of snow
From the day of my birth
I already understood
That my brothers and I
Would forever be guardian deities
Of each snow peak

I will never forget
This sacred calling
In dreams floating before me
A chain of faces stretches far back
And from between my lips
Reverberates the golden genealogy
Of a grand family line
I always verge upon death, yet keep eyes on the future

We're meant tae be
Stravaigers in lanesomeness;
Twae year on wis the time tae gan oot
Pruve in ma ain wey
Ah'd be a bonnie fechter suin
Fechtin mair bonnie nor faither
Tae gaird ma faimily's sanctit bluid
An wir proodfuness left braw
Doon through ilk bairnin
Ma lest bit bluid will tuim.

Ah'll nivver dauner black shame's pad
When daith an the graund fecht appear
Afore daith claims me
Ah'll get the warl tellt
Whaese boy Ah'm ur!
An that ma faithers' faithers michty names
Hae the halieness o snaw:
Fae the verra day Ah wis whalpit
Ah kennt bi then
That masel an ma brithers
Wad be as gairds an gods for aye
O ilka ben.

Ah'll aye mind
This halie cry;
In dreams that driffle afore me
A link o faces streetches richt back
An fae atween ma lips
The gowden bluidfreens
O a muckle faimily line;
Ah'm aye nearmaist tae daith, but keep an ee on whit's aheid.

11

Some say the mountain god I serve
Inflicts no plagues or snow disasters
Standing by myself on a peak
Whichever way I turn
My eyes are met by pristine snow
All creatures are bathed in pure, benign light
And a distant eagle dwindles
A watcher whose eyes follow that dot
At some point loses track in blue depths
Not too far below, cooking smoke of herdsmen
Wafts upwards, hardly suggesting the workaday world
Black yaks are peppered about in boggy hollows
Down there a bluish haze floats
Over rime-ice of a small river
At such times, spirit and flesh go their own ways
I am absorbed in my unwinding thought-trains
Now sounds from the firmament seem audible
Here at this giant portal leading to the sky-vault
Words on my tongue tip, after their own fashion
Begin praying for all creatures on this land

12

I also live in classic texts, called "snake among crags"
My life is worth a hundred horses, a thousand cows
Even ten thousand humans, for a verse
Hidden in a scripture says, whoever kills me
Kills an unseen me that takes a thousand forms
This self will not leave blood on boulders
For it has no colour, yet to kill it would be sinful
I stay quiet, hide my traces, yet I tear at night's
    curtain

11

Ma mountain-god maister, some wad say,
Hoys doon nae demics, stramashes o snaw;
Staunin masel at the ben's tap
Nae maitter whaur Ah birl
Ma een tak in the yowdendrifts
Aa craturs washed in its stoorless licht
An an aigle owre by dwynes tae nocht,
A watcher whaese een follae yon speck
At some pynt gaes agley in the blae;
Jist ablo, the shepherd's denner reek
Dribs up, a warldlike keek at the ilkaday;
Black yaks scattered owre the carse
Doon by a blae reek drifts
Owre the cranreuch o a burn;
At sic times, speerit an fleisch mak their ain weys;
Ah'm lost in ma lowsin thochts
Noo Ah can hear soonds fae up abuin
An at thon muckle yett bi the tap o the lift
Wirds on the tip o ma tongue, as they'll dae,
Stert giein up prayers for aa craturs o thir launs.

12

Ah bide an aa in weel-kennt scrievins, cried "sairpent mang crags"
Ma life his the value o a hunner cuddies, a thoosan kye
Ten thoosan menfowk forby, for a poem
Slypit intae scripture says, whaeanivver taks ma life
As weel taks an untentit me in a thoosan forms.
This sel willnae lea bluid o stanes
For there's nae colour tae it, yet tae murther it wad be sinfu;
Ah haud ma wheesht, cover ma tracks, but claw at the curtain
    o nicht

With my damped-down eyes, secretive like hearts of stones
A lone soul can perhaps hear the earth's heartbeat
But I like best to gaze at stars in the sky
Forgetting how long, until tears stream from my eyes

13
A deadly bullet was fired
At my brother, the snow leopard named White Silver
The gunman just crooked his finger
And echoes of a grim trumpet
Spread news of death through the valley
The bullet was fired
But our keen eyes had a lapse
Although we saw it
Like a streak of red lightning
As hot fire pierced time and distance
There was no time to take cover
And those deep breaths at dawn were extinguished
The bullet was fired, and so
The gunman's skull and the heart
That supplied his skull with blood
Are now frozen forever within annals of sin
Because of that bloody bullet
At the instant it pierced its target
The gunman would be shaken by the sight
And where the bullet flew
Sobbing mountains would sound like a wound
The red fox's keening continues up to now
Crystalline teardrops trickle on boulders
Wormwood blows the flute-song of death
A buckling glacier booms out of season
Colours of hell appear in the sky

Wi ma smirrit een, sleekit as hairts o stanes;
A lane sowl aiblins tents the warl's hairtbeat
But me Ah'm mair mindit tae luik at the starns
No mindin hoo lang til tears slaip oot ma een.

13

A bullet o daith wis fired
At ma brither, the snaw ghaist cried White Siller;
The gunman jist crookit his finger
An echoes o mournful pibroch
Tell the glens daith's waefu news
Yon bullet wis fired
But wir gleg een went agley
Though we tentit yon bullet
Lik a straik o rede lichtnin
There was nae time tae fin guid bield
While bleezin lowe trevelled owre the miles
An yon muckle braiths o daybrekk were gane.
The bullet wis fired an sae
The gunman's heid an the hairt
That pit bluid intae his heid
Are noo foonert for aye in sin's lang scrievins,
Acause o yon bluidfu bullet;
As suin as it hit its merk
The gunman wad shak at the verra sicht
An whaur the bullet flew
Bens greet an mak yon noisome soond
The rede tod's wheenge is still ongaun
Jeelit teardraps slidder ontae stanes
Wyrmwuid blaws the caioneadh o daith
A hirpled glacier roars ootwith season
Colours o hell spreid owre the lift

Thunder of dread rolls at the dark skyline
With each of our deaths, life brings an indictment!

14
You ask why I sit upon a crag crying
Why that crying mood came over me for no reason
In fact I wish, from the reverse side of a word
To illuminate another word, because in this phase
That word is situated in tearful darkness.
This head of mine, buried in shadows of boulders –
Let me raise it out of fog, and with questioning eyes
Scrutinise the lurking dangers of our world
Our ways of surviving came down from our forefathers
The immemorial sun provides us with warmth
Within closer reach are those low-hanging moons
They too show kindness through the seasons and help us
To heed the language of all things, to commune with spirits
Indeed it has come to our knowledge
That nature's timeless laws over this world
Are being altered every day by mankind
Clang of steel and shadow of high rises
On the green lungs of this planet
Have left bloody wounds, and we can see
With every passing year
Extinction of creatures is happening
We know that there is not much time left
Not for humankind, not for ourselves
Maybe this is already our last chance
Because the course of all life on earth attests
To let any kind of plant or animal fade away
Would threaten disaster for all in common
Here is what I would wish to tell human beings

A thunner o dreid rowes owre the horizon
Wi ilk o wir daiths, life shaws its jeedgement!

14
Ye spier hoo Ah'm baukit on crags an greetin?
Hoo yon greetin's come on me at aa?
Ah weesh, fae the ither side o a wird
Tae licht up anither wird acause in this by-time
Yon wird's sat in an awfy mirk.
This heid o mine, happit bi sheddas o stane –
Ah'll heeze it oot the haar, an wi speirin een
Skeck the sleekit perils o wir warl;
Oor ken o getting by an leevin cam doon fae the auld anes
The ayebidin sinn gies us heat
Nearer by are thon lae-hingit munes
They gie us their aa through the seasons an help us
Tae tent the leid o aathing, rax tae the speerits;
Forby it's noo we ken
That nature's ayebidin laws owre this warl
Are chynged ilkaday bi mankind:
Clash o steel an shedda o multi-storeys
On the green lungs o this globe
Hae left it bluidit, an we tent
Wi ilk year that gaes by
A wheen o craturs deein awa;
We ken we're strauchlin for time
No for the humans, no for wursels;
Aiblins we've had it bi noo
Acause the coorse o aa life tells us
Tae let ony cratur nor plant slype awa
Wad be the daith o the lave o us.
Here's whit Ah'd say tae the human fowks:

There is no escape route for any of us
This is why you see me here alone
Sitting on a crag, racked by sobs!

15
I am a curious kind of being, often unable to see myself
Unless I get back to these dun-coloured crags
Most of all I like the night sky thick with stars
Because the sky's boundless reaches
Look like this lovely coat, these designs spun from the void

To confirm my own discovery
I sniff the air and catch a scent
Of sweet grassland flowers hundreds of miles away
In a wink I can detect where an antelope took cover
At times I can accurately foresee
Whose hoof will alight at the bottom of that ravine

I can hear the sound of a dust mote
At its core was a giant rock that split
And further in a galaxy, barely an inkling
Now irrevocably extinguished
And the bottomless depths of countless black holes
Holding muted refulgence of yet unknown daybreaks

In dreamy sleep, I enter a near-death state
There I see my pre-incarnated form
To lighten the heavy load of sin, I too
Once rang the bells of redemption
Despite my nine lives, the coming of my death
Will be a matter of course, just like my next birth...

There's nane o us getting oot o here
An yon's hoo ye tent me here on ma lane
Baukit on a crag, greetin lik a leaky tap!

15
Ah'm a weird kinna hing, nae guid at tentin masel
Til Ah sclim back intae thir broon-cloodit crags;
Ah'm fond o the star-pookit nicht lift the maist
Acause the muckle raxes o lift
Mind me o ma braw coat, thir spirls spun fae ablo.

Makkin shair o ma ain finnin
Ah snoke the air an fin a swait whiff
O merse flooer shunners o miles awa;
In jist ane wink Ah can tent whaur a stag fun bield
Noo nor again Ah can foreken
Whaese hoof will rax the bottom o ilk cleuch.

Ah can hear the soond o stoor,
At the middle o't a muckle stane wis, that brakkit
An mairsae inby a galaxy, aamaist nocht ava
Noo gane for aye,
An the bottommaist sheughs o a wheen o black holes
Haudin quaitened bleezes o daybrekks no here yet.

In ma dreamless doverin, Ah'm close tae daith-dwam
An it's there Ah tent ma speerit afore fleisch,
Lichtenin the wechtfu graith o sin, me an aa
Aince clapped the bells o remeid.
Nae maitter ma nine lives, daith will
Chap the door, lik ma new sel comin intae the next warl.

16

I cannot compose poems in writing
Yet I am able – using my own paws
On unruled stationery of glittering snow
To leave my last will and testament
For sons and grandson to come

Like my admired forefathers
It has taken me a lifetime to learn
All I need to understand of this snowy region
Here the glow of coming dawn
Due to reflectivity of snow
Is more enticing than dusky sunset
Blessed times may not be ours to enjoy
In every month of every season
Such is the impermanence of life and fate
Sometimes to catch food for survival
We receive cuts from sharp-edged stones
Even so our joyful days
Outnumber our days of sorrow

I have seen so many grand views
It is safe to say, no other animal in the world
Not even humans of course, could conceive of them
Such views were not gained by my own desire
But through generosity of the great creator
On the heights of these snowy mountains I have seen
Time in a liquid state, gathered into blue-tinged snowpack
Splendid star-fields that emanate bracing scents of dew
And how light beams, starting from the very fibres of the
      cosmos
Will eventually fall into eternal darkness

16

Ah'm nae makar nor bard
But can fine – yaisin ma claws
On white wreaths o skinklin snaw –
Lea ma last will an testament
For ma boys an their boys tae come.

Lik the faithers' faithers Ah'm fond o
Ah've lairt owre a hail life
Aa Ah maun jalouse o thon snaw-braw kintra;
For here the lowe o daybrekk
Cos o the mirrors o the snaw
Glamours me mair nor the daurkenin.
Sic braw times micht no be oors tae enjoy
In ilka month o ilka season
Cos o life an smeddum's shortness;
For tae get wir scran tae leeve
We're gien cuts fae gled-sherp stanes,
An sicweys aa wir bonnie days
Are gey mair here nor days o doul.

Ah've cast ma een owre sic vieve views
It's richt for tae say, nae cratur in this warl
No even you human fowks acoorse, wad picture them;
Sic as thon werenae got bi ma ain want
But cos o the muckle makar's gift;
On the hichts o thir bens Ah've tentit
Time lik a wattergang, rowed intae blae-tintit
    snawdrift,
Fantoosh meedas o starn lowsin heid-birlin smells o dew,
An hoo licht beams, stertin oot fae the universal hairt
Will feenish up in the ayebidin mirk.

Indeed, I am here to tell you my secret
I have not seen Hell in any coherent shape
But I found an entranceway leading to Heaven!

17
This is not a farewell
Bear with me! Never will I leave this final territory
Though I have been pushed back many times
I will go off and live alone, where human traces seldom come

Do not hunt me down
Here on this planetary world, for I am your brother
Connected to you by blood and bone
Before dark wings come to envelop me
Let me forget the terror of slaughter

In my forefathers' long fund of memory, as I myself awake;
Spirit-given language makes my lips into ritual vessels
And my name linked to my father's name
Now becomes a weapon against naked power!

Bear with me! I need no facile sympathy
My history and way of life, by my own values,
Is what I stand by
In this world of worlds, brooking no substitute!

Do not display my picture
In places where the crowd can see it
I fear their covert pursuit and claims on me
All done in the name of protection

Bear with me! This is not a farewell

Atweel, Ah'm here tae tell ye ma secret:
Ah've no seen Hell in ony kinna farrant wey
Bit fun a yett aa the wey intae haiven!

17
This isnae ta the noo
Haud furrit! Ah'll nivver lea this lest o kintras,
Though Ah've been clappit back a wheen doon the years,
Ah'll gan bide masel, whaur humans nivver licht up.

Dinnae chase me doon
Here on this planetary warl, cos Ah'm yer brither
Thirlt tae ye bi bluid an bane;
Afore the daurk wings hap me
Gie's time tae forget the dreid o the kill.

In the auld faithers' lang syne mindins, as Ah sclim fae sleep masel;
Speerit-handselt leid maks caldrons o ma lips
An ma name jyned on tae ma faither's name's
Noo a weapon agin untrammelled pooer!

Haud furrit! Ah'm no wantin yer mim-mou wirds,
Ma bytimes, ma life's road, bi ma ain values,
Yon's whit Ah mak siccar o
In this warl o warls, takkin nocht but yon!

Dinnae hing ma pictur
In airts whaur fowks will tent it;
Ah'm feart o them chasin me…ettlin tae draw me in
In the name o their blessit protection.

Haud furrit! This isnae ta the noo,

But I believe: The time until final judgement
Will not be dragged out endlessly!

* *George Beals Schaller, born 1933, is an American
  zoologist, naturalist, conservationist and author. He was
  rated by* Time *magazine as one of the world's leading
  wildlife researchers. His outstanding work studying and
  developing conservation initiatives for the snow leopard
  is acknowledged worldwide.*

But Ah believe: Yon time tae the verra lest days
Willnae gan on an on for aye!

Dedicated to Mama: Twenty Sonnets

– She witnessed an era unlike any other;
she experienced a life her forebears never knew.

Dedicatit tae Mama: 20 Sonnets

– She saw a time unlike ony ither
she kent a life her forebears niver kent

When Death Makes Its Advent

"From this day forth you are an orphan":
These words from someone nearby were painful to
    hear
For Mama's passing into another world
Comes when white things are being eclipsed by blackness.

Let's not question the criterion of orphan-hood
Only motherless ones grasp the words "bereft and
    alone."
Until that megalith slipped into the depths
She's been the one I relied on all through life.

On the day that death really made its advent
All incantations lost their meaning.
The Grim Reaper called to her in our mother tongue:

"Ninzy Guowzoshy, the white horse that will carry you
Waits at the door." Your long-deceased sisters are
    weeping;
Dressed in their best finery, they wait on our native
    highland.

Fin Daith maks its Incam

"Frae this day furth ye are an orphan":
Thon wirds frae somebody nearhaun wir sair tae
    lippen tae
Fur mither's passin inno anither warld
Cams fin fite ferlies are bein taen ower bi blaikness.

Lat's nae speir inno fit makks an orphan
Anely mitherless anes unnerstaun the wirds
    "forehooied an alane."
Till thon muckle druid stane slippit inno the Deep
She's bin the ane I leaned on aa ma life.

On the day that Daith really made its incam
Aa prayers tint their meanin.
Daith wi his Scythe caad oot tae her in oor Mither
    Tongue:

"Ninzy Guonwzoshy, the fite shelt tae cairry ye
Wytes at the yett.' Yer lang-deid sisters are greetin;
Rigged in their best fantoosherie, they wyte in oor
    hame grun.

Native Ground

All who lived in that place called Ninzy Manyie
Were impressed by the repute of our forebears;
Countless mounts grazed placidly on those slopes
Sheep and cattle clustered like clouds in the sky.

Streams of admirers came visiting from afar;
To slaughter a beast for guests was proof of cordiality.
Deep in the heartland of Greater Liangshan
Your clan's good name was spoken of far and wide.

But none of that exists any longer,
No prosperity can last one thousand years;
all is unravelled by the violence of time.

My forebears are fast asleep in that silent place,
Yet it still receives the souls of the departed
And will always be our place of eternal rest.

Hame Grun

Aa fa bedd in thon airt caad Ninzy Manzie
Wir bumbazed bi the fame o oor forebears;
Coontless shelts ett girse on thon braes
Yowes an kye gaithered like clouds in the lift.

A heeze o admirers cam veesitin frae hynie awa;
Tae kill a breet fur veesitors wis pruif o frienliness.
Deep in the hairtlan o Muckle Liangshan
Yer clan's gweed nemme wis spukken o hyne an near.

Bit nane o thon's aroon onymair,
Nae wealth can laist a thoosan years;
Aa is unraivelled bi the cloor o time.

Ma forebears are faist asleep in thon seelent airt.
Yet it still takks in the sowels o the depairtit
An will aywis be oor neuk o aybydan rest.

Fragments of Memory

Late in life she didn't return to our hometown.
What caused her to reminisce about our old place
Was not being separated from it in time and distance,
But because it seemed to belong to a different world.

Hushed chatter of sisters in the courtyard
Arguing over who would wear the first new dress,
The seamstress agrees to sew one for each of them,
Only First and Second Sisiter stand shyly near the gate.

Grandmother sits near the hearth, her hair snow-white;
Wisps of steam rise from the kettle on the hook;
A rough-voiced shepherd's singing in the distance.

No one can say how many times she retold them,
Those fragmentary memories of the departed;
Let's hope that the living will not forget them.

Bittick o Myndin

Grown auld, she didnae gae back tae oor hame toon.
Fit gart her mynd aboot oor auld airt
Wisnae bein dividit frae it in time an distance,
Bit because it seemed tae belang tae anither warld.

Quaet blether o sisters in the coortyaird
Argybargyin ower fa'd weir the first new dress,
The shewin wumman agreed tae makk ane fur them aa,
Anely first an secunt sister staun blate at the yett.

Granmither dowps at the hairth- her hair snaa fite;
Furls o rikk rise frae a kettle on a heuk;
A roch-voiced yowe herder sings hyne aff.

Naebody can say foo mony times she telt them,
Thon bitticks o myndin on the deid;
Lat's hope the leevin winna forget them.

The Curtain of Life and Death

The river's current goes sweeping one way only;
By grace of mountains, time gives way to what endures;
People say that a torrential storm came through,
So life in the highlands eventually had to change.

Only words of fire are left guttering in the wind
Of a life-path chosen over many millennia;
It wasn't by luck that they survived until now;
Traditional wisdom's passed about in wine-bowls.

Buckwheat on high slopes is dusted by starlight;
Of ancestral dwellings only tumbledown walls remain;
No longer will you hear the plaint of a mouth harp.

Overhead are seven stars of the immortal Dipper
A curtain ushers in life and death by turns;
How regrettable that today it's chosen to fall.

The Hingins o Life an Daith

The burnie's current gaes swyin awa early;
Bi grace o Bens, Time gaes wye tae fit bides;
Fowk say that a muckle storm cam throwe,
Sae life in the Heilans at last hid tae cheenge.

Anely wirds o flame are left founerin in the win
O a life pathie chosen ower mony millennia;
It wisnae bi luck that they survived till noo;
Heirskip's wyceness is haundit aboot in wine-quaichs.

Buckwheat on heich braes is poodered bi starnie licht;
O forebears' hooses anely a rickle o steens is left;
Nae langer will ye lippen tae the twang o the Jew's harp.

Owerheid are sivven starnies o the Aybydan Dipper
A hingin sweeshes in life an daith bi turns;
Fit a peety that this day it's chusen tae faa.

Fate

That era brought a change in your fate;
From then on you never wavered or looked back.
You were no pilgrim treading barefoot upon thorns,
But traces of your blood were left upon the road.

Those of your era saw white stones heated red-hot,
And were baffled by certain implications of ploughshares.
In truth life and death are not remote from each other,
They cling together, each following the other.

Your souls were illuminated by firelight,
But in depths of that colour beyond seeing
You left behind pangs of a nameless wound.

No need to send your souls off with prayers,
There's a white road that will lead you onward;
Those of your era can hold your heads high before us.

Weird

Thon time brocht a cheenge in yer weird;
Frae syne on ye niver swithered nor luikit back.
Ye wir nae pilgrim treidin barfit on thorns,
Bit draps o yer bluid wir left on the road.

Fowk o yer time saw fite steens heatit reid hett,
An wir bumbazed bi fey ferlies linkit tae ploo shares.
In truith life an daith arenae far frae ane anither,
They haud thegither, ane follaein the ither.

Yer sowels wir lichtit bi firelicht,
Bit in the mids o thon colour ayont seein
Ye are left ahin the stouns o a nemmless skaith.

Nae need tae sen yer sowels aff wi prayers,
There's a fite road that'll lead ye on;
Fowk o yer time can haud their heids heich afore us.

A White Stone at Your Grave

A white stone is placed at your grave
Inscribed with your names.
What a steadfast, weighty stone it is!
On it are lines of verse I wrote for you.

This spot commands a view of the whole city,
Where birth and death take turns at every moment.
Only the scintillating dance of sunlight
Filters into the windows of all living things.

Yonder where the gaze reaches its limit
There's only a gap between peaks;
Some call it a signpost to the infinite.

The departed ones rest on this ridge, and the white stone
Whispers to the living: Death no sooner closes one chapter,
Than life starts out on its mad course again.

A Fite Steen at yer Mools

A fite steen is pit at yer mools
Yer nemme's cuttit inno it.
Fit a stinch wechty steen it is!
On it are wirds o verse I screived fur ye.

This neuk his an owerluik o the hale toon,
Far birth an daith takk shottie aboot aywis.
Anely the skinklin daunce o sunlicht
Wauchts inno the windaes o aa leevin ferlies.

Yonner far the ee raxxes tae its leemit
There's anely a space atween taps;
Some caa it a signpost tae the Aybydan.

The depairtit anes bide on this brae,
An the fite steen fuspers tae the leevin:
Daith nae suner steeks ae chapter,
Than life sterts oot on its wud wye again.

Going Forth to Meet Death

A last teardrop formed at the cotner of her eye;
That was the parting token she left to this world.
Surely it wasn't a sign of sorrow,
It was her way of bidding us farewell.

Death's existence didn't begin today:
That black flag, like a bird's wing
Streaks through the sky both day and night,
To land on the head of the one being summoned.

Its message will be sent to every address,
Held high by a postman from the underworld,
Nowhere have I heard of a failed delivery.

Long ago Mama knew this day would come;
She sewed a chapeau and gown for herself,
Like her ancestors, she was ready to greet death.

Gaun furth tae Tryst wi Daith

A hinmaist teardrop grew at the neuk o her ee;
Thon wis the pairtin ferlie she gaed tae the warld.
It's siccar it wisnae a merk o wae,
It wis her wey o sayin fareweel.

Daith's bein didnae stert the day:
Thon blaik flag like a birdie's wing
Straiks throwe the lift baith day an night,
Tae lan on the heid o the ane bein summoned.

Its message will be sent tae ilkie address,
Held heich bi a postie frae the unnerwarld,
Naewye hae I lippened tae news o a connached delivery.

Langsyne mither kent this day wid cam;
She shewed a bunnet an goon fur herself,
Like her forebears she wis ready tae tryst wi daith.

The Bier I Arranged For

My mother has embarked on her journey
No wonder hillside suoma flowers bloom like mad.
Light from that day pierced to the centre of my world;
Accursed October was the time of her death.

Turn your head in the direction of our native place;
Even cremated into ashes you'll reach your home.
This metropolis is no longer strange to you,
But your final refuge surely isn't here.

Mouth harp, fiddle, and moon guitar cry out to you;
In life you were fond of them,
But today your response is silence.

When scents of resin and nectar are in the air
You'll have reached Guohxo Muddi. I know you'll say:
Finally I can sleep on the bier I arranged for!

The Bier I arreenged fur

Ma mither's set aff on her traivels
Nae winner knowe-brae suoma flooers brier sae weel.
Licht frae thon day progged tae the mids o ma warld;
Cursed October wis her daith-time.

Turn yer heid tae the airt o oor hame grun;
Even brunt inno aisse ye'll win hame.
This toon isnae fremmit tae ye,
Bit yer hinmaist bield surely isnae here.

Jew's harp, fiddle an meen guitar cry oot tae ye;
In life ye likit them,
This day yer repon is seelence.

Fin guffs o resin an nectar are in the air
Ye'll hae reached Guohxo Muddi. I ken ye'll say:
"Noo I can sleep on the bier I really wintit!"

The Right of Recollection

I am not quite sure when it happened
You began living in recollections of the past,
Even though you couldn't recall
Things encountered just one day before.

What you recalled were things remote from here and now;
Deep in the darkness you could see them sparkling.
You played hide-and-seek upstairs in a frame house,
Hearing your little sister say, "Can I look for you now?"

You often brought out yellowed photographs
To narrate your past; in one you carried a medicine chest
That you used for visiting the sick and destitute.

Doesn't a person need a reason to live?
To this you gave a very personal answer:
No one can abrogate the right of recollection.

The Richt o Myndin

I'm nae richt siccar fan it happened
Ye stertit leavin us myndins o langsyne,
Even tho ye cudnae mynd
Ferlies that happened jist ae day afore.

Fit ye myndit wir ferlies hyne aff frae noo;
Deep in the derkness ye watched them skinklin.
Ye played hide an seek upbye in a timmer hoose,
Lippened tae yer wee sister cry "Can I luik fur ye noo?"

Ye aften brocht oot yallaed picturs
Tae spikk o langsyne; in ane ye cairriet a medicine kist
That ye tuik fur veesitin the nae weel an puir.

Disnae a body nott a rizzen tae live?
Tae thon ye gie an unca personal repon:
Naebody can ban the richt o myndin.

I Won't Back Down

Forgive me for not being aware:
Perhaps it was my mother's living presence
That let me put aside thoughts of death,
Which in fact has pursued us all along.

Mother stood between me and death
Like a holy, snow-covered peak
Or like a vast, hard-to-cross ocean,
But now death stands directly beside me.

Though my life-protecting talisman is gone,
Faced with lies and hurtful plots out of the blue
I won't dishonour the lofty peaks of our tradition.

Now I need not to worry that Mother will grieve;
Since I am not living this life for myself,
I won't back down from defending the rights of Man.

I winna back doon

Forgie me fur nae kennin:
Mebbe it wis ma mither's leevin sel
That lat me pit aside thochts o daith,
That in fact hae hashed us aa alang.

Mither stude atween me an daith
Like a haly, snaa happit ben
Or like a braid, ill tae cross, sea,
Bit noo daith stauns direck aside me.

Tho ma life-bield, ma mither, is gaen,
Faced wi lees an hurtfu ploys ooto the blue
I winna affront the heich taps o oor heirskip.

Noo I dinna need tae fash that mither'll murn;
Since I'm nae leevin this life fur masel,
I winna back doon
Frae defendin the richts o man.

The One Who Waited for Me

There's no use hurrying home any longer
To knock on our bolted door at midnight;
The one who awaited me at home
Has gone on to another world.

In the past I was expected; I had to return home
Before she would arise from that black sofa,
And, dragging her tired footsteps on the floor,
Go back to rest in her own room.

That was how she waited for me: not for a day,
Not for a year, but as long as she was alive,
She stayed up waiting for her late-returning son.

In the past few days I've finally realised
The deeper meaning of motherly concern,
How unfortunate that she's left this world!

The Ane fa Wytit fur me

There's nae eese hashin hame ony langer
Tae chap on oor steekit yett at midnicht;
The ane fa wytit fur me at hame
His gaen tae anither warld.

Langsyne I wis expeckit; I'd tae gae hame
Afore she'd heist herself frae thon blaik sofa,
An ruggin her foonert fitsteps on the fleer,
Gae back tae rest in her ain chaumer.

Thon wis foo she wytit fur me; nae fur a day,
Nae fur a year, bit as lang as she wis leevin,
She bedd up wytin fur her latchy-hame-camin loon.

In the hinmaist fyew days I've finally jeloused
The deeper kennin o mitherly consarn,
Foo waesome that she's left this warld!

Mama is a Bird

The *bimo* told me: In another space
Your mother was a fish gliding through water;
She darted at ease through watercress plants
In the cool current of a stream.

By now she's changed into a bird;
Someone in your ancestral land saw her
In the sky over Jjile Bute;
Her shape seemed to linger as it passed.

Afterwards, no matter where I go
When I see a lone fish in watercress
It makes me think of my mother.

May hunters of the world hear my plea
No longer shoot a bird flying above,
For my mother has become a bird.

Mither is a Birdie

The ink lines telt me: in anither airt
Yer mither wis a fish sweemin ben watter;
She jinkit easy amang watercress plants
In the cweel current o a burn.

Bi noo she'd cheenged intae a birdie;
Somebody in yer forebears' lan saw her
In the lift ower Jjile Bute;
Her makk seemed tae dauchle fin it gaed by.

Eftir, nae matter far I gae
Fin I see a lane fish in the watter
It gars me think o ma mither.

May hunters o the warld lippen tae ma priggin
Dinna sheet a birdie fleein alane,
Fur ma mither's becam a birdie.

Mama's Hand

Mama's hand harbours all kinds of tenderness,
Like April wind blowing through our native highland.
When she used to stroke my face and brow,
It moistened my dreams like cooling balm.

Her hand is at the pinnacle, above all things;
It's even above the crown of any ruler.
Were it not a component of natural creation
Its benevolence wouldn't have entered my soul so deeply.

Though I was ready to die for our mountains' sake,
Each time I encountered the arrows of a malign fate,
It was her hand that turned my calamity around.

I know my hour of death could come at any time,
But now her hands are not here for me to clasp,
Alas, time's swept away my shielding talisman.

Mither's Haun

Mither's haun hauds aa mainner o douceness,
Like April win blawin ben oor hame Heilans.
Fin she eesed tae straik ma face an broo,
It wattit ma dwaums like cweelin balm.

Her haun is tapmaist, abune aathin;
It's even abune the croon o ony heid bummer.
Gin it wisnae a bittick o natural creation
Its gweedness widnae hae entered ma sowel sae deep.

Tho I wis ready tae dee fur oor Ben's sake,
Ilkie time I met wi the arras o a coorse weird,
It wis her haun that turned ma mishanter aroon.

I ken ma oor o daith cud cam at ony time,
Bit noo her hauns arenae thonner fur me tae haud,
Ochone, time's swypit awa ma mither fa wis ma bield.

Lullaby

The world has only one lullaby;
It keeps us company straight from the cradle
To the cremation ground enfolded by mountains:
That's my precious gift from Mama.

That refrain impels the planets in their courses;
It fills the land with calm, makes the sky gem-like;
As it streams past cities, towns and wilderness
All living things sleep to its airy notes.

Those muted strains cross boundaries of life and death,
When the new life of an infant is welcomed,
And when the Grim Reaper rattles an oaken door.

Only this melody will not be forgotten
When my time comes to leave this world,
I'll hear its echoes in the distance.

Balloo

The warld his anely ae baloo;
It bides wi us straicht frae the crib
Tae the pyre enfauldit bi Bens;
Thon's ma dearest giftie frae ma mither.

Thon tune birls the planets in their coorses;
It fulls the lan wi calm, makks the lift like a gem;
An it breenges bi toons, cities an wudness
Aa leevin ferlies sleep tae its flichty notes.

Thon mummlit tunes cross bouns o life an daith,
Fin the new life o a bairnie is walcomed,
An fin daith wi his scythe chaps at an aik yett.

Anely thon tune winna be tyned
Fin ma time cams tae leave the warld,
I'll lippen tae its echoes hynie-aff.

Mountain Spring-Water

Late in life Mama didn't return to our native place,
But she would often tell us in a dreamy voice:
Thinking back to that highland where buckwheat grows,
She longed for spring-water to quench her soul's thirst.

No wonder she'd often sit alone by a window
Wondering what place a bird had flown from.
She would gaze at a cloud in the sky
Until it disappeared over the horizon.

No one can change the undercoat of life's painting:
Hissing logs in the hearth of a shake-roofed house,
The intermittent crowing of a rooster in the yard.

In fact, a person's true needs may be quite modest
Yet harder to reach than the sky, like Mama's wish
For bracing draughts of mountain spring-water.

Ben Spring Watter

Fin she wis auld, mither didnae gae back tae oor hame grun,
Bit she'd aften tell us in a dwaumy voice:
Myndin thon heilans far buckwheat growes,
She langed fur spring watter tae sloke her sowel's drooth.

Nae winner she'd aften bide alane bi a windae
Winnerin fit airt a birdie'd fleed frae.
She wid keek at a cloud in the lift
Till it vanished ower the hynie-awa.

Naebody can cheenge the unnercoat o life's peintin:
Spirkin wid in the hairth o a shakky-reefed hoose,
The antrin crawin o a cock in the airt.

In fack, a body's true wints micht be rael modest
Yet harder tae raxx them tae the lift, like mither's wint
Fur caller wauchts o Ben spring watter.

Black Braids

Mama's hair became white and sparse;
She had long since stopped using that wooden comb.
Her luxuriant head of black hair
Could only be seen in photographs.

Folks said her hair was a glossy ebony colour,
Like amboyna wood that seemed to glow from within.
Anyone who met her could catch the scent
Of lye soap given off by her long braids.

Who can dig beneath the accumulated years
To let me see Mama's jet black hair again
And breathe in that familiar, faraway scent?

Now all this is just the babbling of a fool;
Only that wooden comb is left in this world,
Burying in silence the brilliance it once passed through.

Blaik Pleats

Mither's hair becam fite an thin:
She'd stoppit makkin eese o thon widden caimb langsyne.
Her braw heid o blaik hair
Cud anely bi seen in photies.

Fowk said her hair wis a sheeny blaik colour,
Like amboyna wid that seemed tae glimmer frae inbye.
Onybody fa met her wid catch the guff
O lye soap gaen aff bi her lang pleats.

Fa can howk aneth the heeze o years
Tae see mither's pit mirk hair again
An snuff up thon kent, hyne-awa scent?

Noo aa thon is jist the blethers o a gype;
Anely thon widden caimb is left in this warld,
Beeryin in seelence the brawness it aince ran ben.

Mother Tongue

Although Mama left no verses in written form
Her spoken words crystallised the salt of language.
In girlhood she sat in on gatherings of clansmen
Soaking up eloquence from our best orators.

So many truths, however deeply conceived,
Commanding a perspective on the land around us,
Were summed up in her proverbial language
To dawn upon hearers, as if by illumining beams.

She made me aware of the marvels of language,
Of its mystical depths and latent spaciousness,
Which has stayed with me all of my life.

I admit, one who goes in search of phrases,
It was Mama who dipped into the sea of language
And ladled out those sea-bottom treasures for me.

Mither Tongue

Tho mither left nae verses screived oot
Her spukken wirds war inno the satt o leid.
As a quine she dowped doon in gaitherins o kin
Sypin up the braw wirds frae oor best spikkers.

Sae mony truiths, hooiver deep thocht oot,
Commandin an owersicht o the lan aroon us,
Wir gaithered up in her proverbial leid
Like daybrakk tae lippeners as gin bi sheenin sun bolts.

She gart me ken the mervels o the leid,
O its eildritch founs an secret braidth,
That's bedd wi me aa ma life.

I admit, bein ane fa gaes luikin fur phrases,
It wis mither fa dippit inno the sea o the leid
An ladled oot thon sea-boddom treisurs fur me.

The Wind of our Native Place

Mama often thought of the wind in our native place;
At such times, she would describe how the wind blew;
Then it made sense to me that in epic texts of our tribe
Eternal wind seems implanted in words of stone.

Having threaded the needles' eyes of bristling oat-ears,
That wind from the cosmic depths reaches here;
It blows through the door linking life and death;
No one can tell its whence and whither.

Mama said, if you understand the wind's speech
You'll know why the upright flute of the Yi people
Can make such simple but mysterious sounds.

That wind still blows, and I am a listener to wind.
Now at last, I begin to realise:
Only as wind passes do we glimpse the undying.

The Win o oor Hame Airt

Mither aften thocht o the win in oor ain airt;
At sic times, she'd tell me foo the win blew;
Syne it made mense tae me that in sagas o oor clan
Aybydan wins seem beddit in wirds o steen.

Haein threidit the needle's ee o jaggy ait-lugs,
The win frae the cosmic deeps raxxes here;
It blaws ben the yett jynin life an daith;
Naebody can tell frae far it cams.

Mither quo, gin ye unnerstaun the win's spikk
Ye'll ken foo the upricht fussle o the Yi fowk
Can makk sic ordnar bit eildritch souns.

The win blaws still, an I lippen tae the win.
Noo at the hinnereyn, I stert tae jelouse:
Anely as passin win, dae we glisk the undeein.

The Hidden Ruler

What vastness is embraced by earth and sky!
The golden lion called Sol makes its rounds;
A dark ocean churns on the obverse of its coin;
Eternal Death mounts its crimson saddle.

Shadows in dusk whisper about divine beings;
Darkening clouds catch a glimmer of violet;
Mountains lapse silent under the starry canopy;
Only the hearth-fire keeps up its lone murmur.

Along that lane in wreathing mist at dusk
Mama's shape appears and disappears,
Her lowered eyelids barely visible through haze.

She's the hidden ruler over this stretch of ground,
Her invisible hand is still weaving a wool cape,
At her waist is her loom's skimming shuttle.

The Happit Heid Bummer

Fit a rowth o aathin's bosied bi Eirde an Lift!
The gowden lion caad Sol makks its roons;
A derk sea rowes on the back o its coin;
Aybydan daith moonts its bluid reid saddle.

Ghaisties in the gloamin fusper aboot heivenly ferlies;
Derkenin clouds catch a glimmer o violet;
Bens faa seelent unner the starnies'plaidie;
Anely the hairth-lowe keeps up its lane threips.

Alang thon lane, in furlin mist at gloamin
Mither's makk appears an dwines awa,
Her drappin eelids scarce seen ben the haar.

She's the secret heid-bummer ower this swatch o grun,
Her see-throwe haun is aye wytin a worsit plaidie,
At her wyme is her loom's skytin shuttle.

Flesh and Spirit

Your fleshly body wasted away;
It was sliced to pieces by time.
Who could keep track of its minute changes?
No one can oppose the might of Nature.

Minuscule events eluded our grasp,
Carrying out slaughter without weapons.
This body of flesh is borrowed from the creator;
When the time is up, it must be given back.

Only your spirit stays whole like at its origin;
Nothing can undo its existence;
Its engulfment in darkness is mere appearance.

Your heart's torch was genuine to its deepest recesses,
And you harboured a talisman for abiding in eternity;
Your three-fold soul remains to accept your crown.

Corp & Speerit

Yer yirdly corp's dwined awa;
It wis hackit tae bitticks bi time.
Fa cud keep tee wi its teenie cheenges?
Naebody could cwanter the micht o natur.

Wee-est o happenins jink frae oor grup,
Cairryin oot killin wioot airms.
The corp o flesh is borraed frae the Makkar;
Fin the time's by, it maun be gaen up,

Anely yer speerit bides hale as it stertit;
Naethin can lowse its life;
Bein swallaed in derkness is jist a swick o the een.

Yer hairt's lowe wis real tae its deepest founs,
An ye keepit a cherm fur bidin foraye;
Yer three-fauld sowel bides tae accept yer croon.

不 朽 者

The Enduring One

Da Een Beyond Foryattin

吉狄马加

序诗：

黑夜里我是北斗七星，
白天又回到了部族的土地。
幸运让我抓住了燃烧的松明，
你看我把生和死都已照亮。

一

我握住了语言的盐，
犹如触电。

二

群山的合唱不是一切。
一把竹质的口弦，
在黑暗中低吟。

三

我没有抓住传统，
在我的身后。
我的身臂不够长，有一截是影子。

四

我无法擦掉，
牛皮碗中的一点污迹。
难怪有人从空中泼下大雨，
在把我冲洗。

五
掛在墙上的宝刀，
突然断裂了。
毕摩(1)告诉我，他能占卜凶吉，
却不能预言无常。

六
我在口中念诵2的时候，
2并没有变成3；
但我念诵3的时候，
却出现了万物的幻象。

七
昨晚的篝火烧得很旺，
今天却是一堆灰烬，
如果一阵狂风吹过，
不会再有任何墨迹。

八
捡到玛瑙的是一个小孩，
在他放羊的途中。
他不知道自己是一个幸运者，
只梦见得到了一块荞饼。

九
我不是唯一的证人。
但我能听见三星堆(2)，
在面具的背后，有人发出
咝咝的声音，在叫我的名字。

十
我的身躯，
是火焰最后的一根柴，
如果点燃，你会看见，
它比别的柴火都要亮。

十一
失重的石头。
大雁的影子。
会浮现在歌谣里，像一滴泪
堵住喉头。

十二
死亡和分娩，
对诗人都是一个奇迹，
因为语言，他被放进了
不朽者的谱系。

十三
火焰灼烫我的时候，
无意识的一声喊叫，
竟然如此陌生。
我不知道，这是我的声音。

十四
那块石头，
我没有从地里捡走。
原谅我，无法确定明日，
我只拥有今天。

十五
我在竹笛和羊角之间。
是神授的语言，
让我咬住了大海的罗盘。

十六
我爬在神的背上，
本想告诉它一个谜。
但是我睡着了，
像一条晨曦中的鲑鱼。

十七
彝人的火塘。
世界的中心，一个巨大的圆。

十八
吉狄普夷(3)的一生，
都未离开过自己的村庄。
但他的每句话里，
却在讲述这个世界别的地方。

十九
鹰飞到了一个极限，
身体在最后一个瞬间毁灭。
它没有让我们看见，
一次无穷和虚无完整的过程。

二十
在天地之间，
我是一个圆点，当时间陷落，
我看见天空上
浮现出空无的胎记。

二十一
是谁占有了他的口腔，
让他的舌头唱得发麻。
这个歌者已经传了五十七代，
不知下一次会选择哪一个躯壳？

二十二
谁让群山在那里齐唱，
难道是英雄支呷阿鲁(4)？
不朽者横陈大地之上，
让我们把返程的缰绳攥紧。

二十三
银匠尔古(5)敲打着银子，
一只只蝴蝶在别的体内苏醒。
虽然他早已辞世不在人间，
但他的敲击还在叮当作响。

二十四
那只名字叫沙洛(6)的狗，
早已死亡，现在
只是一个影子。
它被时间的锯齿，
割出了声音和血。

二十五
我们曾把人分成若干的等级。
这是历史的错误。但你能不能
把本不属于我的两件东西，
现在就拿走。

二十六
我想念苦荞的时候，
嘴里却有毒品的滋味。
我拒绝毒品的时候，
眼前却有苦荞的幻影。

二十七
掘金者在那高原的深处，
挖出了一个巨大的矿坑。
这是罪证。但伤口缄默无语。

二十八
他们骑马巡视自己的领地，
就是在马背上手端一杯酒
也不会洒落下半滴。
而我们已经没有这种本事。

二十九
没有人敢耻笑我的祖辈。
因为从生到死，
他们的头颅和目光都在群山之上。

三十
拥有谚语和格言，
就是吞下了太阳和火焰。
德古(7)坐在火塘的上方，
他的语言让世界进入了透明。

三十一
不是每一本遗忘在黑暗中的书，
都有一个词被光亮惊醒。
死亡的胜利，又擦肩而过。

三十二
吹拂的风在黑暗之上，
黑暗的浮板飘荡在风中，
只有光，唯一的存在，
能回到最初的时日。

三十三
寂静的群山，
只有天堂的反光，能让我们看见
雪的前世和今生。

三十四
只有光能引领我们，
跨越深渊，长出翅膀，
成为神的使者。
据说光只给每个人一次机会。

三十五
我没有抓住时间的缰绳，
但我却幸运地骑上了光的马背。
额头是太阳的箭镞，命令我：
杀死了死亡！

三十六
永恒的存在，除了依附于
黑暗，就只能选择光。
但我知道，只有光能从穹顶的高处，
打开一扇未来的窗户。

三十七
从群山之巅出发，
难道无限可以一分为二。
不是咒语所能阻止，
谁能分开那无缝的一。

三十八
星座并非独自滑动，
寂静的银河神秘异常。
风吹动着永恒的黑暗，
紧闭的侧门也被风打开。

三十九
巨石的上面：
星群的动与静，打开了手掌的纹路，
等待指令，返回最初的子宫。

四十
在大地上插上一根神枝，
遥远的星空就有一颗星熄灭。
那是谁的手？在插神枝。

四十一
母鸡一直啼鸣
还有野鸟停在了屋上。
明天的旅行是否还要启程？
我只听从公鸡的鸣叫。

四十二
不能在室内备鞍，
那是一种禁忌。
我的骏马跃入了云层，
蹄子踩在了羽毛上。

四十三
阿什拉则(8)不是一个哑巴，
只是生性沉默。
是他独自在林中消遣，
创造了词语的乳房和钥匙。

四十四
据说我们放羊的地方，
牛羊看见的景色还是那样。
但见不到你的身影，
从此这里只留下荒凉。

四十五
谁碰落了草茎上那颗露水，
它在地上砸出了一个巨大的深坑。

四十六
我愿意为那群山而去赴死，
数千年来并非只有我一人。

四十七
羊子被卖到远方，
魂魄在今夜还会回到栏圈。
我仍出去的那块石头，
再没有一点回声。

四十八
黄蜂在山岩上歌唱，
不能辜负了金色的阳光。
明年同样美好的时辰，
只有雏鹰在这里筑巢。

四十九
那匹独角马日行千里，
但今天它却呆在马厩里。
只有它的四蹄还在奔跑，
这是另一种游戏。

五十
我是世界的一个榫头，
没有我，宇宙的脊椎会发出
吱呀的声响。

五十一
金黄的四只老虎，
让地球在脚下转动。
我在一条大河的旁边成眠，
潜入了老虎的一根胡须。

五十二
因为你，时间让河流
获得了静止和不朽。
它的名字叫底坡夷莫(9)，
没有波澜，高贵而深沉。

五十三
我们是雪族十二子，
六种植物和六种动物。
诸神见证过我们。但唯有人
杀死过我们其中的兄弟。

五十四
山中细细的竖笛，
彝人隐秘的脊柱。
吹响生命，也吹响死亡。

五十五
阿什拉则和吉狄马加，
有时候是同一个人。
他们的声音，来自于群山的合唱。

五十六
欢乐是死亡的另一种胜利，
没有仪式，就没法证明。

五十七
我是吉狄·略且·马加拉格，
切开了血管。
请你先向我开枪，然后我再。
但愿你能打中我的心脏。

五十八
这里有血亲复仇的传统，
当群山的影子覆盖。
为父辈们欠下的命债哭号，
我的诗只颂扬自由和爱情。

五十九
不要依赖手中的缰绳，
矮种马是你忠实的伙伴。
是的，凭借虚无的存在，
它最终也能抵达火的土地。

六十
款待客人是我们的美德，
锅庄里的柴火照亮里屋顶。
快传递今天皮碗里的美酒，
明天的火焰留下的仍然是灰烬。

六十一
沙马乌芝(10)是一个最好的
琴手，她的一生就是为了弹奏。
据说她死去的那天，
琴弦独自断在风中。

六十二
院子里的那只小猫，
不知道生命的荒诞。
它在玩弄一只老鼠，
让现实具有了意义。

六十三
祭司在人鬼之间，
搭起了白色的梯子。
举着更高的烟火，
传递着隔界的消息。

六十四
我梦见妈妈正用马勺，
从金黄的河流里舀出蜂蜜。
灿烂的阳光和风，
吹乱了妈妈的头发。

六十五
饮过鹰爪杯的嘴唇，
已经无法算清。
我们是世界的匆匆过客，
今天它又有了新的主人。

六十六
我试图用手中的网，
去网住沉重的时间。
但最终被我网住的
却是真实的虚无。

六十七
你的意识不进入这片语言的疆域，
你的快马就不可能抵达词的中心。

六十八
我要去没有城墙的城市。
并非我们双腿和心灵缺少自由。

六十九
不是你发现了我。
我一直在这里。

七十
传说是狗的尾巴捎来了一粒谷种，
否则不会有山下那成片的梯田。
据说这次你带来的是偶然，
而不是争论不休的巧合。

七十一
我没有被钉在想象的黑板上，
不是我侥幸逃脱。
而是阿什拉则问我的时候，
我能如实地回答。

七十二
妇人背水木桶里游着小鱼，
屋后养鸡鸡重十二斤。
曾是炊烟不断的祖居地，
但如今它只存活于幽暗的词语。

七十三
我虽喜欢黑红黄三种颜色，
很多时候，白色也是我的最爱。
但还是黑色，
更接近我的灵魂。

七十四
一条金色的河流，穿过了未来，
平静，从容，舒缓，没有声音。
它覆盖梦的时候，也覆盖了泪水。

七十五
我要回去，但我回不去
正因为回不去，才要回去。

七十六
我要到撒拉底坡⑾去，
在那里要七天七夜。
在这七天七夜，我爱所有的人，
但只有一人是我的唯一。

七十七
彝谚说，粮食中的苦荞最大，
昨天我还吃过苦荞。
但我的妈妈已经衰老，
还有谁见过她少女时的模样？

七十八
我不会在这光明和黑暗的时代，
停止对太阳的歌唱，
因为我的诗都受孕于光。

七十九
时间在刀尖上舞蹈，
只有光能刺向未来。

八十
格言在酒樽中复活，
每一句都有火焰的滋味。

八十一
我钻进世界的缝隙，
只有光能让我看见死去的事物。

八十二
失去了属于我的马鞍，
我只能用灵魂的翅膀飞翔。

八十三
我的母语在黑暗里哭泣，
它的翅膀穿越了黎明的针孔。

八十四
我在火焰和冰雪之间徘徊，
这个瞬间无异于已经死亡。

八十五
光明和黑暗统治世界，
时光的交替不可更改。
只有死亡的长风传来密令，
它们是一对孪生的姐妹。

八十六
那是消失的英雄时代，
诸神和勇士都在巡视群山。
沉静的天空寂寥深远，
只有尊严战胜了死亡和时间。

八十七
我不会在别处向这个世界诀别，
只能在群山的怀抱，时间在黎明。
当火焰覆盖我的身体，
我会让一只鸟告诉你们。

八十八
我不会给这个世界留下咒语，
因为人类间的杀戮还没有停止。
我只能把头俯向尘土，
向你耳语：忘记仇恨。

八十九
当整个人类绝望的时候，
我们不能绝望。
因为我们是人类。

九十
我的声音背后还有声音。
那是成千上万的人的声音。
是他们合成了一个人的声音。
我的声音。

九十一
直到有一天这个世界
认同了我的价值，
黑暗才会穿过伤口，
让自己也成为光明的一个部分。

九十二
真理坐在不远的地方
望着我们。阿格索祖(12)也在那里。
当我们接近它的时候，
谬误也坐在了旁边。

九十三
我从某一个时日醒来，
看见九黄星值守着天宇。
不是八卦都能预言人的吉凶，
诗歌只赞颂日月永恒的运行。

九十四
我不知道布鲁洛则山(12)在哪里？
如同不知道天空中的风变幻的方向。
在漆黑的房里，透过火塘的微光，
我似乎第一次看到了生命真实的存在。

九十五
从一开始就不是为自己而活着，
所以我敢将一把虚拟的匕首，
事先插入了心中。

九十六
我的心灵布满了伤痕，
却用微笑面对这个世界。
如果真的能穿过时间的缝隙，
或许还能找到幸运的钥匙。

九十七
在那片树林里有一只鸽子，
它一直想飞过那紫色的山尖。
唯一担心的是鹞鹰的突然出现，
生与死在空中留下了一个诺大的空白。

九十八
降生时妈妈曾用净水为我洗浴，
诀别人世还有谁能为我洗去污垢。
这个美好而肮脏的世界，
像一滴水转瞬即逝。

九十九
虎豹走过山林，花纹
在身后熠熠生辉。
我拒绝了一个词的宴请，
但却接受了一万句克哲(13)的约会。

一百
拥着马鞍而眠，
词语的马蹄铁发出清脆的响声。
但屋外的原野却一片空寂。

一百零一
头上的穹顶三百六十度，
吹动着永恒的清气和浊气。
生的门和死的门，都由它们掌管。
别人只能旁观。

一百零二
从瓦板房的缝隙，
能看见灿烂浩瀚的星空。
不知星群的上面是屋顶还是晨曦。
这是一个难题，也是另一个或许。

一百零三
世界上的万物有生有灭，
始终打开的是生和死的门户。
我与别人一样，死后留下三魂(14)，
但我有一魂会世代吟唱诗歌。

注释(1)：毕摩，彝族中的祭司和文字传承者。
注释(2)：三星堆，中国西部一著名的文化遗址。
注释(3)：吉狄普夷，彝族部族中一个人的名字。
注释(4)：支呷阿鲁，彝族传说中的创世英雄。
注释(5)：尔古，彝族历史上一位银匠的名字。
注释(6)：沙洛，彝族历史上一只狗的名字。
注释(7)：德古，彝族中智者和德高望重的人。
注释(8)：阿什拉则，彝族历史上一位著名的祭司和文字传承者。
注释(9)：底坡夷莫，彝族群山腹地一条著名的河流，常被用来形容女性。
注释(10)：沙马乌芝，彝族民间一位著名的月琴手。
注释(11)：撒拉底坡，彝族火把节一处著名的聚会地。
注释(12)：阿格索祖，彝族历史上著名的祭司和智者。
注释(12)：布鲁洛则山，彝区一座著名的山脉，据说在云南境内。

注释(13)：克哲，彝族一种古老的诗歌对答形式。
注释(14)：三魂，彝人认为人死后有三魂，一魂留火葬处；一魂被供奉；一魂被送到祖先的最后归宿地。

我，雪豹

献给乔治·夏勒1

I, Snow Leopard

– Dedicated to George Schaller

Snaw Ghaist

Mindit tae George Schaller

1

流星划过的时候
我的身体，在瞬间
被光明烛照，我的皮毛
燃烧如白雪的火焰
我的影子，闪动成光的箭矢
犹如一条银色的鱼
消失在黑暗的苍穹
我是雪山真正的儿子
守望孤独，穿越了所有的时空
潜伏在岩石坚硬的波浪之间
我守卫在这里——
在这个至高无上的疆域
毫无疑问，高贵的血统
已经被祖先的谱系证明
我的诞生——
是白雪千年孕育的奇迹
我的死亡——
是白雪轮回永恒的寂静
因为我的名字的含义：
我隐藏在雾和霭的最深处
我穿行于生命意识中的
另一个边缘
我的眼睛底部
绽放着呼吸的星光
我思想的珍珠
凝聚成黎明的水滴
我不是一段经文
刚开始的那个部分
我的声音是群山
战胜时间的沉默
我不属于语言在天空

悬垂着的文字
我仅仅是一道光
留下闪闪发亮的纹路
我忠诚诺言
不会被背叛的词语书写
我永远活在
虚无编织的界限之外
我不会选择离开
即便雪山已经死亡

2
我在山脊的剪影，黑色的
花朵，虚无与现实
在子夜的空气中沉落

自由地巡视，祖先的
领地，用一种方式
那是骨血遗传的密码

在晨昏的时光，欲望
就会把我召唤
穿行在隐秘的沉默之中

只有在这样的时刻
我才会去，真正重温
那个失去的时代......

3
望着坠落的星星
身体漂浮在宇宙的海洋
幽蓝的目光，伴随着
失重的灵魂，正朝着

永无止境的方向上升
还没有开始——
闪电般的纵身一跃
充满强度的脚趾
已敲击着金属的空气
谁也看不见，这样一个过程
我的呼吸、回忆、秘密的气息
已经全部覆盖了这片荒野
但不要寻找我，面具早已消失……

4
此时，我就是这片雪域
从吹过的风中，能聆听到
我骨骼发出的声响
一只鹰翻腾着，在与看不见的
对手搏击，那是我的影子
在光明和黑暗的
缓冲地带游离
没有鸟无声的降落
在那山谷和河流的交汇处
是我留下的暗示和符号
如果一只旱獭
拼命地奔跑，但身后
却看不见任何追击
那是我的意念
已让它感到了危险
你在这样的时刻
永远看不见我，在这个
充满着虚妄、伪善和杀戮的地球上
我从来不属于
任何别的地方！

5

我说不出所有
动物和植物的名字
但这却是一个圆形的世界
我不知道关于生命的天平
应该是，更靠左边一点
还是更靠右边一点，我只是
一只雪豹，尤其无法回答
这个生命与另一个生命的关系
但是我却相信，宇宙的秩序
并非来自于偶然和混乱
我与生俱来——
就和岩羊、赤狐、旱獭
有着千丝万缕的依存
我们不是命运——
在拐弯处的某一个岔路
而更像一个捉摸不透的谜语
我们活在这里已经很长时间
谁也离不开彼此的存在
但是我们却惊恐和惧怕
追逐和新生再没有什么区别……

6

我的足迹，留在
雪地上，或许它的形状
比一串盛开的
梅花还要美丽
或许它是虚无的延伸
因为它，并不指明
其中的奥妙
也不会预言——
未知的结束

其实生命的奇迹
已经表明，短暂的
存在和长久的死亡
并不能告诉我们
它们之间谁更为重要？
这样的足迹，不是
占卜者留下的，但它是
另一种语言，能发出
寂静的声音
惟有起风的时刻，或者
再来一场意想不到的大雪
那些依稀的足迹
才会被一扫而空……

7

当我出现的刹那
你会在死去的记忆中
也许还会在——
刚要苏醒的梦境里
真切而恍惚地看见我：
是太阳的反射，光芒的银币
是岩石上的几何，风中的植物
是一朵玫瑰流淌在空气中的颜色
是一千朵玫瑰最终宣泄成的瀑布
是静止的速度，黄金的弧形
是柔软的时间，碎片的力量
是过度的线条，黑色+白色的可能
是光铸造的酋长，穿越深渊的0
是宇宙失落的长矛，飞行中的箭
是被感觉和梦幻碰碎的
某一粒逃窜的晶体

水珠四溅，色彩斑斓
是勇士佩带上一颗颗通灵的贝壳
是消失了的国王的头饰
在大地子宫里的又一次复活

8
二月是生命的季节
拒绝羞涩，是燃烧的雪
泛滥的开始
野性的风，吹动峡谷的号角
遗忘名字，在这里寻找并完成
另一个生命诞生的仪式
这是所有母性——
神秘的词语和诗篇
它只为生殖之神的
降临而吟诵……

追逐 离心力 失重 闪电 弧线
欲望的弓 切割的宝石 分裂的空气
重复的跳跃 气味的舌尖 接纳的坚硬
奔跑的目标 颌骨的坡度 不相等的飞行
迟缓的光速 分解的摇曳 缺席的负重
撕咬 撕咬 血管的磷 齿唇的馈赠
呼吸的波浪 急遽的升起 强烈如初
捶打的舞蹈 临界死亡的牵引 抽空 抽空
想象 地震的战栗 奉献 大地的凹陷
向外渗漏 分崩离析 喷泉 喷泉 喷泉
生命中坠落的倦意 边缘的颤抖 回忆
雷鸣后的寂静 等待 群山的回声……

9
在峭壁上舞蹈

黑暗的底片
沉落在白昼的海洋
从上到下的逻辑
跳跃虚无与存在的山涧
自由的领地
在这里只有我们
能选择自己的方式
我的四肢攀爬
陡峭的神经
爪子踩着岩石的
琴键，轻如羽毛
我是山地的水手
充满着无名的渴望
在我出击的时候
风速没有我快
但我的铠甲却在
空气中嘶嘶发响
我是自由落体的王子
雪山十二子的兄弟
九十度的往上冲刺
一百二十度的骤然下降
是我有着花斑的长尾
平衡了生与死的界限……

10
昨晚梦见了妈妈
她还在那里等待，目光幽幽

我们注定是——
孤独的行者
两岁以后，就会离开保护
独自去证明

我也是一个将比我的父亲
更勇敢的武士
我会为捍卫我高贵血统
以及那世代相传的
永远不可被玷污的荣誉
而流尽最后一滴血

我们不会选择耻辱
就是在决斗的沙场
我也会在临死前
大声地告诉世人
——我是谁的儿子！
因为祖先的英名
如同白雪一样圣洁
从出生的那一天
我就明白——
我和我的兄弟们
是一座座雪山
永远的保护神

我们不会遗忘——
神圣的职责
我的梦境里时常浮现的
是一代代祖先的容貌
我的双唇上飘荡着的
是一个伟大家族的
黄金谱系！

我总是靠近死亡，但也凝视未来

11
有人说我护卫的神山

没有雪灾和瘟疫
当我独自站在山巅
在目光所及之地
白雪一片清澈
所有的生命都沐浴在纯净的
祥和的光里。远方的鹰
最初还能看见，在无际的边缘
只剩下一个小点，但是，还是同往常一样
在蓝色的深处，消失得无影无踪
在不远的地方，牧人的炊烟
袅袅轻升，几乎看不出这是一种现实
黑色的牦牛，散落在山凹的低洼中
在那里，会有一些紫色的雾霭，漂浮
在小河白色冰层的上面
在这样的时候，灵魂和肉体已经分离
我的思绪，开始忘我地漂浮
此时，仿佛能听到来自天宇的声音
而我的舌尖上的词语，正用另一种方式
在这苍穹巨大的门前，开始
为这一片大地上的所有生灵祈福……

12
我活在典籍里，是岩石中的蛇
我的命是一百匹马的命，是一千头牛的命
也是一万个人的命。因为我，隐蔽在
佛经的某一页，谁杀死我，就是
杀死另一个看不见的，成千上万的我
我的血迹不会留在巨石上，因为它
没有颜色，但那样仍然是罪证
我销声匿迹，扯碎夜的帷幕
一双熄灭的眼，如同石头的内心一样隐秘
一个灵魂独处，或许能听见大地的心跳？

但我还是只喜欢望着天空的星星
忘记了有多长时间，直到它流出了眼泪

13
一颗子弹击中了
我的兄弟，那只名字叫白银的雪豹
射击者的手指，弯曲着
一阵沉闷的牛角的回声
已把死亡的讯息传遍了山谷
就是那颗子弹
我们灵敏的眼睛，短暂的失忆
虽然看见了它，象一道红色的闪电
刺穿了焚烧着的时间和距离
但已经来不及躲藏
黎明停止了喘息
就是那颗子弹
它的发射者的头颅，以及
为这个头颅供给血液的心脏
已经被罪恶的账簿冻结
就是那颗子弹，象一滴血
就在它穿透目标的那一个瞬间
射杀者也将被眼前的景象震撼
在子弹飞过的地方
群山的哭泣发出伤口的声音
赤狐的悲鸣再没有停止
岩石上流淌着晶莹的泪水
蒿草吹响了死亡的笛子
冰河在不该碎裂的时候开始巨响
天空出现了地狱的颜色
恐惧的雷声滚动在黑暗的天际

我们的每一次死亡，都是生命的控诉！

14

你问我为什么坐在石岩上哭？
无端的哭，毫无理由的哭
其实，我是想从一个词的反面
去照亮另一个词，因为此时
它正置身于泪水充盈的黑暗
我要把埋在石岩阴影里的头
从雾的深处抬起，用一双疑惑的眼睛
机警地审视危机四伏的世界
所有生存的方式，都来自于祖先的传承
在这里古老的太阳，给了我们温暖
伸手就能触摸的，是低垂的月亮
同样是它们，用一种宽厚的仁慈
让我们学会了万物的语言，通灵的技艺
是的，我们渐渐地已经知道
这个世界亘古就有的自然法则
开始被人类一天天地改变
钢铁的声音，以及摩天大楼的倒影
在这个地球绿色的肺叶上
留下了血淋淋的伤口，我们还能看见
就在每一分钟的时空里
都有着动物和植物的灭绝在发生
我们知道，时间已经不多
无论是对于人类，还是对于我们自己
或许这已经就是最后的机会
因为这个地球全部生命的延续，已经证实
任何一种动物和植物的消亡
都是我们共同的灾难和梦魇
在这里，我想告诉人类
我们大家都已无路可逃，这也是
你看见我只身坐在岩石上，为什么

失声痛哭的原因！

15
我是另一种存在，常常看不见自己
除了在灰色的岩石上重返
最喜爱的还是，繁星点点的夜空
因为这无限的天际
像我美丽的身躯，幻化成的图案

为了证实自己的发现
轻轻地呼吸，我会从一千里之外
闻到草原花草的香甜
还能在瞬间，分辨出羚羊消失的方位
甚至有时候，能够准确预测
是谁的蹄印，落在了山涧的底部

我能听见微尘的声音
在它的核心，有巨石碎裂
还有若隐若现的银河
永不复返地熄灭
那千万个深不见底的黑洞
闪耀着未知的白昼

我能在睡梦中，进入濒临死亡的状态
那时候能看见，转世前的模样
为了减轻沉重的罪孽，我也曾经
把赎罪的钟声敲响

虽然我有九条命，但死亡的来临
也将同来世的新生一样正常……

16

我不会写文字的诗
但我仍然会——用自己的脚趾
在这白雪皑皑的素笺上
为未来的子孙，留下
自己最后的遗言

我的一生，就如同我们所有的
先辈和前贤一样，熟悉并了解
雪域世界的一切，在这里
黎明的曙光，要远远比黄昏的落日
还要诱人，那完全是
因为白雪反光的作用
不是在每一个季节，我们都能
享受幸福的时光
或许，这就是命运和生活的无常
有时还会为获取生存的食物
被尖利的碎石划伤
但尽管如此，我欢乐的日子
还是要比悲伤的时日更多

我曾看见过许多壮丽的景象
可以说，是这个世界别的动物
当然也包括人类，闻所未闻
不是因为我的欲望所获
而是伟大的造物主对我的厚爱
在这雪山的最高处，我看见过
液态的时间，在蓝雪的光辉里消失
灿烂的星群，倾泻出芬芳的甘露
有一束光，那来自宇宙的纤维
是如何渐渐地落入了永恒的黑暗

是的，我还要告诉你一个秘密
我没有看见过地狱完整的模样
但我却找到了通往天堂的入口！

17
这不是道别
原谅我！我永远不会离开这里
尽管这是最后的领地
我将离群索居，在人迹罕至的地方

不要再追杀我，我也是这个
星球世界，与你们的骨血
连在一起的同胞兄弟
让我在黑色的翅膀笼罩之前
忘记虐杀带来的恐惧

当我从祖先千年的记忆中醒来
神授的语言，将把我的双唇
变成道具，那父子连名的传统
在今天，已成为反对一切强权的武器

原谅我！我不需要廉价的同情
我的历史、价值体系以及独特的生活方式
是我在这个大千世界里
立足的根本所在，谁也不能代替！

不要把我的图片放在
众人都能看见的地方
我害怕，那些以保护的名义
对我进行的看不见的追逐和同化！

原谅我！这不是道别

但是我相信，那最后的审判
绝不会遥遥无期……！

1 乔治·夏勒（George Beals Schaller，1933年--
　），美国动物学家、博物学家、自然保护主义者
和作家。他曾被美国《时代周刊》评为世界上三
位最杰出的野生动物研究学者之一，也是被世界
所公认的最杰出的雪豹研究专家。

献给妈妈的二十
首十四行诗

Dedicated To Mama:
Twenty Sonnets

Dedicatit Tae Mama:
Twenty Sonnets

见证了一个不平凡的时代，
经历了先人从未经历过的生活。
吉狄马加

当死亡正在来临

从今天起就是一个孤儿，
旁人这样无情地对我说。
因为就在黑色覆盖了白色的时候，
妈妈就已经进入了另一个世界。

不要再去质疑孤儿的标准，
一旦失去了母亲，才知道何谓孤苦无助。
在这块巨石还没有沉没以前，
她就一直是我生命中的依靠。

当死亡在这一天真正来临，
所有的诅咒都失去了意义，
死神用母语喊了她的名字：

尼子·果各卓史(1)，接你的白马，
已经到了门外。早亡的姐妹在涕泣，
她们穿着盛装，肃立在故乡的高地。

故土

在那个名字叫尼子马列(2)的地方，
祖辈的声名是如此显赫，
无数的坐骑在半山悠闲地吃草，
成群的牛羊，如同天空的白云。

多少宾朋从远方慕名而来，
宰杀牲口才足以表达主人的盛情。
就是在大凉山腹地的深处，
这个家族的美名也被传播。

但今天这一切已不复存在，
没有一种繁华能持续千年，
是时间的暴力改变了一切。

先人的骨灰仍沉睡在这里，
唯有无言的故土，还在接纳亡灵，
它是我们永生永世的长眠之地。

记忆的片段

多少年再没有回到家乡，
并不是时间和空间的距离，
才让她去重构故土的模样，
而这一切是如此地遥远。

姐妹们在院落里低声喧哗，
争论谁应该穿到第一件新衣，
缝衣娘许诺了她们中的每一位，
只有大姐二姐羞涩地伫立门前。

坐在火塘边的祖母头发比雪还白，
吊着的水壶冒着热腾腾的水汽，
远处传来的是放牧者粗犷的歌声。

这是亡故者记忆中的片段，
她讲过多少遍，谁也说不清。
但愿活着的人，不要忘记。

生与死的幕布

河流朝着一个方向流淌，
群山让时间沉落于不朽。
有人说这是一场暴风骤雨，
群山里的生活终究会有改变。

千百年所选择的生活方式，
只有火焰的词语熄灭于疾风。
不是靠幸运才存活到今天，
旋转的酒碗是传统的智慧。

山坡上的荞麦沾满了星光，
祖居之地只剩下残壁断垣，
再没有听见过口弦的倾诉。

头上是永恒的北斗七星，
生与死的幕布轮流值日，
真遗憾，今天选择了落幕。

命运

这个时代改变了你们的命运，
从此再没有过回头和犹豫。
不是圣徒，没有赤脚踏上荆棘，
但道路上仍留下了血迹。

看过那块被烧得通红的石头，
没有人知道铁铧的全部含义。
生与死相隔其实并不遥远，
他们一前一后紧紧相随。

你们的灵魂曾被火光照亮，
但在那无法看见的颜色深处，
也留下了疼痛，没有名字的伤口。

不用再为你们祈祷送魂，
那条白色的路就能引领，
这一生你们无愧于任何人。

墓前的白石

墓的前面放着一块白石，
上面镌刻着你们的名字。
多么坚实厚重的石头，
还有我为你们写下的诗行。

从这里能看见整座城市，
生和死还在每时每刻地更替。
只有阳光那白银一般的舞蹈，
涌入了所有生命的窗口。

在目光所及更远的地方，
唯有山峰之间是一个缺口，
据说那是通向无限的路标。

亡灵长眠在宁静的山岗之上，
白色的石头在向活人低语：
死亡才刚结束，生命又开始疯狂。

迎接了死亡

妈妈的眼角最后有一颗泪滴，
那是她留给这个世界的隐喻。
可以肯定它不代表悲戚，
只是在做一种特殊的告别。

不是今天才有死亡的存在，
那黑色的旗帜，像鸟的翅膀，
一直飞翔在昼夜的天空，
随时还会落在受邀者的头顶。

冥府的通知被高高举起，
邮差将送到每一个地址，
从未听说他出现过差错。

妈妈早就知道这一天的来临，
为自己缝制了头帕和衣裙，
跟自己的祖先一样，她迎接了死亡。

这是我预定的灵床

我的妈妈已经开始上路，
难怪山坡上的索玛(3)像发了疯。
白昼的光芒穿过世界的核心，
该被诅咒的十月成为了死期。

把头朝着故乡的方向，
就是火化成灰也要回去。
这个城市对你已不再陌生，
但你的归宿命定不在这里。

口弦，马布，月琴(4)，都在哀唤，
活着的时候就喜欢它们，
但今天却只能报以沉默。

当又能闻到松脂和蜂蜜的味道，
那是到了古洪姆底(5)，我知道你会说：
终于可以睡下了，这是我预定的灵床。

回忆的权利

不知道从什么时候开始，
你就是靠回忆生活。
就是昨天刚遇见过的事，
也不能把它们全部想起。

真能想起的都是遥远的事情，
它们在黑暗的深处闪光。
你躲在木楼的二层捉迷藏，
听见妹妹说：姐姐可以找你了吗？

经常拿出发黄的照片，
对旁人讲解，背着沉重的药箱，
访问过许多贫病交加的人。

人活着是否需要理由？
是你给了我们另一个答案，
谁也不能剥夺，回忆的权力。

我不会后退

原谅我，一直不知道，
是因为妈妈的存在和活着，
我才把死亡渐渐地遗忘，
其实它一直在追逐着我们。

妈妈站在我和死亡之间，
像一座圣洁的雪山，
也如同浩瀚无边的大海，
但今天我的身边只伫立着死亡。

纵然没有了生命中的护身符吉尔(6)，
当面对无端的谎言、中伤以及暗算，
也不会辱没群山高贵的传统和荣誉。

再不用担心妈妈为我悲伤，
既然活着已经不是为了自己，
为了捍卫人的权利，我不会后退。

等我回家的人

我不用再急着赶回家去，
在半夜时敲响那扇门扉。
等候我回家的人，
已经去了另一个世界。

那时只有我回到了家，
她才会起身离开黑色的沙发，
迈着缓慢疲惫的脚步，
回到自己的房间休息。

就这样等候，不是一天，
也不是一年，她活着的时候，
常常在深夜里这样等我。

但直到现在我才明白，
母亲两个字还有更深的内涵，
多么不幸，与她已经隔世。

妈妈是一只鸟

毕摩(7)说，在另一个空间里，
你的妈妈是一条游动的鱼。
她正在清凉的溪水中，
自由自在地追逐水草。

后来她变成了一只鸟，
有人看见她，去过祖居地，
还在吉勒布特(8)的天空，
留下了恋恋不舍的身影。

从此，无论我在哪里，
只要看见那水中的鱼，
就会去想念我的妈妈。

我恳求这个世上的猎人，
再不要向鸟射出子弹，
因为我的妈妈是一只鸟。

妈妈的手

妈妈的手充满了万般柔情，
像四月的风吹过故乡的高地。
每当她抚摸我的脸庞和额头，
就如同清凉的甘露滋润着梦境。

只有她的手能高过万物的顶端，
甚至高过了任何一个君王的冠冕。
如果不是自然造化的组成部分，
那仁慈就不可能进入灵魂的深处。

纵然为传统和群山可以赴死，
每一次遭遇命运不测的箭弩，
还都是她的手改变了我的厄运。

我知道从今以后将会生死难卜，
因为再也无法握住妈妈的那双手，
多么悲伤，无常毁灭了我的护身符。

摇篮曲
世界上只有一首谣曲，
能陪伴着我们，从吱呀的摇篮，
直到群山怀抱的火葬地，
它是妈妈最珍贵的礼物。

那动人的旋律吹动着宇宙的星辰，
它让大地充满了安宁，天空如同宝石。
当它飞过城市、乡村和宽阔的原野，
所有的生命都会在飘渺的吟唱中熟睡。

这低吟能穿越生和死的疆域，
无论是在迎接婴儿新生命的诞生，
还是死神已经敲响了厚重的木门。

只有这首无法忘怀的谣曲，
在我们离开这个世界的时候，
还能听见它来自遥远的回声。

山泉

晚年的妈妈再没回到故乡，
她常常做梦似的告诉我们：
在那高高的生长荞麦的地方，
让人思念的是沁人心脾的泉水。

难怪她时常独自坐在窗前，
对一只鸟从何处飞来也感到好奇。
她会长时间地注视着一朵云，
直到它在那天际消失得无影无踪。

谁也无法改变我们生命的底色，
瓦板房里的火塘发出嘶嘶的声音，
还有院落里的雄鸡不断地高鸣。

其实人的需求非常地有限，
但有时却比登天还难，比如妈妈，
再也无法喝到那透心的山泉。

黑色的辫子

妈妈的头发已经灰白掉落，
好长时间不再用那把木梳，
往日那一头浓密的黑发，
从过去的照片中才能看到。

他们说她的长发乌黑清亮，
像深色的紫檀闪着幽暗的光。
无论她走到哪里，总有人会闻到，
她的发辫散发出的皂角的馨香。

谁能将那逝去的年轮追回？
让我再看一眼妈妈的黑发，
再闻一闻熟悉而遥远的香味。

但今天这一切都是痴人说梦，
只有那一把还留在世上的木梳，
用沉默埋葬了它所经历的辉煌。

母语

妈妈虽然没有用文字留下诗篇，
但她的话却如同语言中的盐。
少女时常常出现在族人集会的场所，
聆听过无数口若悬河的雄辩。

许多看似十分深奥的道理，
就好像人突然站在了大地的中心；
她会巧妙地用一句祖先的格言，
刹那间让人置身于一片光明。

是她让我知道了语言的玄妙，
明白了它的幽深和潜在的空白，
而我这一生都将与它们形影相随。

我承认，作为一个寻找词语的人，
是妈妈用木勺，从语言的大海里，
为我舀出过珊瑚、珍珠和玛瑙。

故乡的风

妈妈常常会想起故乡的风，
每当这样的时候，她就会将风描绘。
难怪在我们部族的史诗中，
那永恒的风被植入了词语的石头。

那风穿过了大地麦芒的针孔，
从那宇宙遥远的最深处传来。
只有风连接着生和死的门户，
谁也无法预知它的方向和未来。

妈妈说，如果你能听懂风的语言，
你就会知道，我们彝人的竖笛，
为什么会发出那样单纯神秘的声音。

那风还在吹，我是一个听风的人，
直到今天我才开始隐约地知道，
只有风吹过的时候，才能目睹不朽。

隐形的主人

这大地和天空是如此辽远，
巡游的太阳一头金黄的雄狮。
金币的另一面涌动着黑暗的海洋，
永恒的死亡跨上了猩红的马鞍。

黄昏在影子里对神灵窃窃私语，
黯然的云霓闪烁着紫色的光亮。
星穹下的群山肃穆静寂，
唯有火塘里的柴薪独自呢喃。

沿着暮气氤氲的那条小路，
妈妈的身影又若隐若现，
朦胧中是依稀垂下的眼睑。

她是这片土地上隐形的主人，
看不见的手还在用羊毛编织披毡，
腰间晃动的是来回如飞的梭子。

肉体与灵魂

你的肉身已经渐渐枯萎，
它在时间的切割中破碎。
很难察觉它细微的变化，
自然的威力谁也无法抗拒。

微末的事物消失于指间，
它的杀戮不用金属的武器。
肉体是你借用造物主的东西，
时辰到了还必须将它归还。

只有你的魂魄还完好如初，
没有什么能改变它的存在，
黑暗吞噬的表象只是幻影。

你心灵幽秘质朴，如一束火焰，
怀揣着安居于永恒的护身符，
唯有不灭的三魂(9)将被最后加冕。

2016年11月10日至12月5日

注释：
(1)尼子·果各卓史:诗人母亲的名字（又名马秀英）
，生于1931.3.15，卒于2016.10.30。出生于彝
族贵族家庭，早年投身社会主义革命，是共产党
员，曾担任过凉山彝族自治州人民医院副院长，
凉山卫校校长。
(2)尼子马列：诗人母亲故乡一彝语地名。
(3)索玛：即索玛花，汉语又称杜鹃花。
(4)口弦，马布，月琴：均为彝族古老的乐器。

(5)古洪姆底：大小凉山的彝语称谓，泛指彝族的聚居地。

(6)吉尔：彝族每一个家族都有吉尔，即护身符，在这里指诗人的母亲。

(7)毕摩：彝族的文字传承者，宗教祭司。

(8)吉勒布特：诗人故乡—彝语地名，在四川凉山州布拖县境内。

(9)三魂：彝人认为人死后有三魂，一魂留火葬处；一魂被供奉；一魂被送到祖先的最后归宿地。

On Blackness and Whiteness
in Jidi Majia's Poetry

Right from when I began translating Jidi Majia's poetry, I encountered concepts and perspectives that were fresh and challenging. One was the metaphorical range of the colour black in the Nuosu world view. The poem title "Rhapsody in Black" sums up two important aspects of Jidi Majia as a poet. His work is rooted in the tribal traditions of his people, which he sums up with the word "black", partly because they call themselves the Nuosu ("Black Tribe"). At the same time he embraces worldwide currents of thought, using a fluid succession of moods and reflections to express a modern sensibility (as in George Gershwin's *Rhapsody in Blue*).

In everything that Jidi Majia writes there is this dual orientation: on one hand it is rooted in the land-based, tribal sensibility of the Nuosu, and on the other hand it is characterized by expansive subjectivity reaching out into the modern world. Although some poems convey an experience of being torn, Jidi Majia's primary labour of thought is aimed at integrating these two directions of thought.

The Nuosu are the most populous branch of the Yi people, a minority distributed in China's southwestern provinces and numbering 9 million. Several million members of the Yi people can still speak their own language, which belongs to the Tibeto-Burman family. Unlike the Tibetans, they never embraced an outside belief system such as Buddhism. They traditionally embraced a tapestry of beliefs: a sky god, a giant tiger as cosmogonic progenitor, nature spirits, sacred eagle ancestors, and epic heroes.

For the Nuosu people, blackness is the colour of spiritual depth that needs to be summoned up from deep within to dispel aberrant psychic forces. In "The Other Way" the poet writes: "I see my other self pass through/ The crown of darkness and duration/...I do not see his hand here before me/It is in black depths of the land/ It is holding up flowers of bone/So my tribe, in its rituals will know/The presence of ancestors' souls." Thus blackness offers gravitas that can protect against fragmentation, both before and after death. (These aspects of blackness are discussed in the book *Shenwu de zhuzhou* [Chant of the Wizard], by Aku Wuwu, Dean of the College of Yi Studies at Southwest University of Minorities). Blackness is also associated with nature's womblike potency which engenders living things. Hence it is also a zone of transformation, of surrender, of letting superficial impulses subside into cycles of natural life. These dimensions of the colour are expressed in the poem "Rhapsody in Black", in which the poet's contemplation of oncoming night becomes a personal ceremony, entering into blackness as a zone of transformation and connectedness. As translator I have tried to engage sympathetically with blackness in all these senses.

In the long poem "I, Snow Leopard...," Jidi Majia draws on contrasting symbolism of blackness and whiteness. Of course Chinese culture has long emphasized the symbolic value of black and white. In the

Taoteching, Laotzu associates blackness with yin, femaleness and matriarchal society. He links whiteness with yang, maleness and patriarchal values. Verse #28 says: "Know maleness, but hold fast to femaleness, and be the watercourse for all under heaven. Know whiteness but hold fast to blackness, and be the pattern for all under heaven. Know what flourishes but hold fast to what is demeaned, and be the valley for all under heaven." Looking at how this verse fits in with the rest of the *Taoteching*, we can take this as a contrast between nature-loving matriarchal values and nature-dominating patriarchal values.

What does this have to do with Jidi Majia's poem? The poem "I, Snow Leopard..." adopts the subjective voice of the animal itself. It describes the life-habits and current situation of the snow leopard in Qinghai. One can also read the poem as an allegory about the predicament of indigenous peoples living in highland areas of Asia. Certain details of Jidi Majia's description of the snow leopard actually have double meanings referring to the folkways of the Yi people. For instance, the poet describes the rosettes on the snow leopard's coat as "telepathic cowries." This reminds me of the ceremonial sash worn by Nuosu elders, often studded with cowries which are said to confer telepathic powers upon the wearer.

What is more, I believe the white and black pattern of the snow leopard's coat carries special resonance due to the importance of black and white in Chinese culture and in the Yi minority's world view. Blackness and whiteness stand for a nexus of meanings in the Yi people's symbolic system. For instance, the Yi people were traditionally called the White and the Black Lolos. The Black Lolos were versed in military arts and horsemanship; they raided the pacifist White Lolos (and other ethnic groups) and took them as slaves. In fact, there was a caste among the Black Yi made up mostly of White Yi who had been enslaved. The keeping of slaves went on until 1949.

The category of white is important to the Yi world view because it is the colour of origins and ultimate endings. The creation epic *Hnewo Teyy* (Book of Origins) places human beings among the "Twelve Snow Tribes" of earthly life, together with animals and plants. This taxonomic scheme holds that all living things are "sons of the snow." This emphasizes brotherhood among all living things, and it implies that they come from a region of snowy mountains. Such a link back to a white source is reinforced by the word *apuwasa*, one of the Nuosu words for "soul". According to Aku Wuwu, "*apuwasa*" is etymologically related to the word for snow. The very name for soul is linked to whiteness. What is more, for the Yi people, whiteness is also the colour of the road into the afterlife. In the poem "White World" by Jidi Majia, we see that even mountains and buckwheat fields in the afterworld are white.

Thus a living thing is enfolded in the soul's whiteness from its place of origin to its ultimate end. At the same time, blackness implies an unseen power from beneath the soil which priests invoke and raise in their rituals. The Nuosu branch of the Yi people even call themselves the "Black Tribe," which shows that they esteem the colour black. The Yi anthropologist Pu

Xuewang, in his book *Zhongguo heibai chongbai wenhua* (*The Mystique of Black and White in Chinese Culture*) presents an analysis of black-white categories among various ethnic groups in southwest China. According to his ethnographic scheme, the pacifist peoples in the southwest, such as the Bai, Hani and Dai tend to be white-favoring peoples; in contrast, ethnicities which exalt a warrior ethos tend to favor the colour black. Some minorities in southwest China even use word roots meaning "white" or "black" in their terms of self reference, as we see from the term Nuosu (and there is even an epic – the *Battle of the Black and White* – borrowed by the Yi from the Naxi people, telling of a black-white conflict in heaven and on earth).

The Han people developed a proto-philosophy of yin and yang quite early, expressed by dark swirling patterns on a light background (for instance on Majia-yao pottery). Such markings evoke a worldview characterized by clashing, interpenetrating forces. This abstract insight was expressed in images and symbols before it was articulated in philosophical language. Later this worldview was rationalized and elaborated into yin-yang cosmology, such as we find at the beginning of the *Huainan-zi*. In traditional stories of the Yi people, we find proto-cosmology that emphasized the interaction of complementary forces. In myths about the Sky God Enti Gengzi and Mother Puyi, we can see a cosmological framework which parallels the Han-era idea of "buoyant vapor" interacting with "dense vapor." However, in Yi sources, these protean materials are actively worked upon by a character in a mythic story. For instance, the Sky God wants to amuse his companion Mazhi-Make, so he compresses some primordial vaporous stuff by rolling it into a cylinder, which he then sticks into a cloud of less dense vapour. He plants this cylinder like a tree, and eventually it grows large and bears fruit. Each of the fruits has something developing inside, and Mazhi-Make is diverted by dimly-heard voices from within them. (See *Yizu minjian gushi* [Folktales of the Yi Minority], Yunnan Peoples Press, pp. 3-16). It is amazing that even at the mythic stage, the parallels to yin and yang cosmology developed by the Yi people carry their own unique stamp. Later, of course, the Yi were also influenced by Han-style *yin-yang* philosophy, which tended to be more scholastic.

What does this have to do with the whiteness and blackness of the snow leopard which Jidi Majia writes about in his eponymous poem? We know that the Yi people have traditional tiger dances. These dances are probably related to traditional myths of the tiger as a cosmic progenitor. According to one myth, this progenitor's huge body metamorphosed directly into our earthly environment. In another myth, a culture hero quarried materials from the tiger's vast corpse for use in making our earth habitable. The tiger is an important totem animal for the Yi, and in traditional tiger dances (such as in Chuxiong County, Yunnan), tiger markings are conflated with leopard markings. Thus the Yi tiger totem is actually a "tiger/leopard" totem. As a member of the Yi people, Jidi Majia had feelings for the tiger totem which I believe he extended to the snow leopard.

Jidi Majia grew up in the Greater Liang Mountains of central Sichuan. After he was posted to Qinghai Province as lieutenant-governor, he became acquainted to the American zoologist George Schaller, who was doing fieldwork on the snow leopard in the Kunlun Mountains (in the early 70s, Schaller had been Peter Mathiesson's guide to survey Himalayan wildlife, a trip which resulted in the latter's National-Book-Award-winning *The Snow Leopard*). Jidi Majia visited Schaller at his wildlife research station and learned about the plight of wildlife in the mountains of the Qinghai-Tibet Plateau. Eventually he would dedicate "I, Snow Leopard..." to George Schaller.

The snow leopard is an animal that combines the colors of white and black on its coat. For this reason, in the mind of a Yi poet like Jidi Majia it points to multiple associations. Its coat integrates the colors (and cultural categories) of white and black into a beautiful pattern (as translator, such an interpretation helps me understand the status of the snow leopard. For him it is not only a rare and endangered animal; it is also a wonder-beast that evokes the reconciliation of once-opposed cultural categories).

Of course this is only my personal reading of the poem. I believe that knowing about the mystique of white and black can give us insight into Yi culture and how it is embedded within Chinese culture. Some of the earliest artworks of the Chinese people were pieces of pottery with swirling dark-and-light patterns. Such markings represent an interplay of forces, hinting at a cosmology of positive and negative energies in flux. In the world of art, Chinese artists have explored the interpenetration of white and black through their painting and calligraphy, and they have long used white and black to render colour abstractly. With endless fascination they have carried out a dialogue between blackness and whiteness, using ink and rice paper (we see this even today in the creations of experimental ink-and-wash artists). This "mystique of black and white" forms a backdrop against which we can view Jidi Majia's special feeling for the snow leopard.

Denis Mair, Beijing, December 2017, Beijing